印 顺 法 师 佛 学 著 作 系 列

性空学探源

释印顺 著

中华书局

图书在版编目（CIP）数据

性空学探源/释印顺著. —北京：中华书局，2011.4
（2024.1 重印）
（印顺法师佛学著作系列）
ISBN 978-7-101-07854-1

Ⅰ.性… Ⅱ.释… Ⅲ.佛教–研究 Ⅳ.B948

中国版本图书馆 CIP 数据核字（2011）第 037033 号

经台湾财团法人印顺文教基金会授权出版

书　　名	性空学探源	
著　　者	释印顺	
丛 书 名	印顺法师佛学著作系列	
责任编辑	陈　平	
责任印制	陈丽娜	
出版发行	中华书局	
	（北京市丰台区太平桥西里 38 号　100073）	
	http://www.zhbc.com.cn	
	E-mail：zhbc@zhbc.com.cn	
印　　刷	三河市宏盛印务有限公司	
版　　次	2011 年 4 月第 1 版	
	2024 年 1 月第 5 次印刷	
规　　格	开本/880×1230 毫米　1/32	
	印张 6　插页 2　字数 125 千字	
印　　数	8001-9000 册	
国际书号	ISBN 978-7-101-07854-1	
定　　价	28.00 元	

"印顺法师佛学著作系列"出版说明

释印顺(1906—2005)，当代佛学泰斗，博通三藏，著述宏富，对印度佛教、中国佛教的经典、制度、历史和思想作了全面深入的梳理、辨析与阐释，取得了一系列重要学术成果，成为汉语佛学研究的杰出典范。同时，他继承和发展了太虚法师的人生佛教思想，建立起自成一家之言的人间佛教思想体系，对二十世纪中叶以来汉传佛教的走向产生了深刻影响，受到佛教界和学术界的的高度重视。

经台湾印顺文教基金会授权，我局于 2009 年出版《印顺法师佛学著作全集》(23 卷)，系统、全面地介绍了印顺法师的佛学研究成果和思想，受到学术界、佛教界的广泛欢迎。应读者要求，我局今推出"印顺法师佛学著作系列"，将印顺法师的佛学著作以单行本的形式逐一出版，以满足不同领域读者的研究和阅读需要。为方便学界引用，《全集》和"系列"所收各书页码完全一致。

"印顺法师佛学著作系列"的编辑出版以印顺文教基金会提供的台湾正闻出版社出版的印顺法师著作为底本，改繁体竖排为简体横排。以下就编辑原则、修订内容,以及与正闻版的区别等问题,略作说明。

编辑原则

编辑工作以尊重原著为第一原则,在此基础上作必要的编辑加工,以符合大陆的出版规范。

修订内容

由于原作是历年陆续出版的,各书编辑体例、编辑规范不一。我们对此作了适度统一,并订正了原版存在的一些疏漏讹误,主要包括以下几项:

1. 原书讹误的订正:

正闻版的一些疏漏之处,如引文、纪年换算、人名、书名等,本版经仔细核查后予以改正。

2. 标点符号的订正:

正闻版的标点符号使用不合大陆出版规范处甚多,本版作了较大幅度的订正。特别是正闻版对于各书中出现的经名、品名、书名、篇名,或以书名号标注,或以引号标注,或未加标注;本版则对书中出现的经名(有的书包括品名)、书名、篇名均以书名号标示,以方便读者。

3. 梵巴文词汇的删削订正:

正闻版各册(特别是专书部分)大都在人名、地名、名相术语后一再重复标出梵文或巴利文原文,不合同类学术著作惯例,且影响流畅阅读。本版对梵巴文标注作了适度删削,同时根据《望月佛教大辞典》、平川彰《佛教汉梵大辞典》、荻原云来《梵和大辞典》等工具书,订正了原版的某些拼写错误。

4.原书注释中参见作者其他相关著作之处颇多,为方便读者查找核对,本版各书所有互相参见之处,均分别标出正闻版和本版两种页码。

5.原书中有极少数文字不符合大陆通行的表述方式,征得著作权人同意,在不改变文义的前提下,略作删改。

印顺法师佛学著作对汉语佛学研究有极为深广的影响,同时在国际佛学界的影响也日益突出。我们希望"印顺法师佛学著作系列"的出版,有助于推进我国的佛教学以及相关学科的研究。

中华书局编辑部

二〇一一年三月

目　　录

第一章 引 论

第一节 泛论空为佛法之宗极

第一项 空为佛法之特质

"性空",根源于阿含经,孕育于部派的(广义的)阿毗昙论;大乘空相应经,开始发展出雄浑博大的深观;圣龙树承受了初期大乘,主要是《般若经》的"大分深义",直探阿含经的本义,抉择阿毗昙,树立中道的性空(唯名)论。所以,不读大乘空相应经与《中论》,难于如实悟解性空的真义;不上寻阿含与毗昙,也就不能知性空的源远流长,不知性空的缘起中道,确为根本佛教的心髓。

"空"为佛法的特质所在:不问大乘与小乘,说有的与说空的,都不能不说到"空",缺了空就不成究竟的佛教。佛法的目的,主要在转迷启悟,转染还净。从现实的人生出发,觉悟到人生之所以有重重的痛苦不自由,由于所行的不正;行为的所以不能合乎正道,由于知见的不正,对于人生真相缺乏正确的悟解。

佛法是针对此点，勘破虚妄以见真实，远离边邪而归中道；必如此，才能得解脱而自在。这解脱自在的佛法，可由悟理、修行、证果上去说明。但有一共同要点，即无论为悟理、修行与证果，都要求一番革新，要求对于固有解行的否定（太虚大师曾作《大乘之革命》，即据空立论）。一般人以为如此，以为应该如此，现在——给予勘破、否定——并不如此，不应该如此。表示遮妄离邪的否定，可以有种种的名称，而最适当的就是"空"。从悟解与证入说，"空"不但是虚妄戏论的遮遣，也就是如实寂灭的开显，遮情与显理统一。遮情、显理，不是徒托于名句的论辨，而是要从笃行中去实践体验的。释尊本教，与大乘空相应经及《中观论》，都是这样的。如《杂阿含》八〇经（依《大正藏》经编次）即如此说：

　　心乐清净解脱，故名为空。

　　总之，佛法提供一种"不主故常"的超世间的大事。实践此大事，必须透过空，就是对世间固有的来一次突破、否定。空，不是抹煞一切，是淘汰；依现代的术语说，是扬弃。是从思想与行为的革新中，摧破情执中心的人生，转化为正觉中心的人生。所以，空不是什么都没有的"无见"，反而因为空，才能实现觉悟的、自在的、纯善的、清净的。假使行为、见解一切都安于现状，世人如此，我也如此，那又何需乎佛法？必须面对现实，否定而超越它，才见到佛法的特质，见到性空为佛法唯一的特质。只要是佛法，不论大乘小乘，此宗彼派，都不能不提到空。因此，圣龙树是特别详尽而正确发挥空义的大家，但空却不限于龙树学。

如唯识,必须明无境,明遍计所执无性,就是空义。声闻学者明无我无我所,空、无相、无愿,都无非是空义。就是强调一切有者,也不能不谈这些。所以,我们应该知道:空是佛法中最通遍最重要的大事,是大小学派所共的,不过有程度上的深浅、偏圆,正确或错误罢了!

第二项 空 宗

空为佛法共同的特质,但佛法又有不共的空宗,就是与有宗对立的空宗。论到空宗,应该记着:佛教中任何学派,不能不说空,也不能不说有,所以并非说空的就是空宗。更应该承认:空宗与有宗的分流,是佛教史上不可否认的事实。虽然真空不空、妙有非有的真常论者,可以高唱空有二宗的无诤而融会它;虚妄唯识论者,可以根据自宗的遍计空与依圆有去贯通它;但有宗还是有宗,空宗还是空宗,并不因此而融贯得了。从佛教思想发展史去看,早在声闻学派中,已形成此空有二流。后代的中观与唯识宗,不过承此学流而深化之,或者说分别得明白一点而已。空有的分化,无论如何的错综,互相融摄对方,而根本的不同是始终存在。所以自学派分流以来,佛教中俨然成为两大阵营,彻始彻终的存在;与西洋哲学中唯物与唯心的对立一样。这是不可否认的事实,必须加以承认;不应预存成见而抹煞事实,应虚心地探求彼此差别的根源!

那么,谁是有宗? 谁是空宗? 佛法以空为特质,不仅声闻学者以涅槃空寂为宗极,大乘佛法也立基于此,如说:"阿字本不生";"菩萨不为阿耨多罗三藐三菩提故发菩提心,为一切法本性空故发菩提心"。所以针对世间的戏论实执,创树佛教,可说佛教就是空宗。佛教初分为四大派,隐然地形成两大流,可以说:大众系与分别说系是空宗,犊子系与说一切有系是有宗。此两大流的发展,引出大乘小乘的分化,小乘是有宗,大乘(经)就是空宗。等到大乘分化,如虚妄唯识者的依他自相有、真常唯心者的真如实不空,就是有宗;而龙树学系,才是名符其实的空宗(空宗并非不说有)。从世间凡情的实有为宗,到佛法智证的性空为宗,存有种种的层级。所以,空宗与有宗,可说唯上智与下愚不移,而中间的有而兼空、空而不彻底的学派,应随观待的对方而判别它。

何为空宗?何为有宗?此义极明白而又极难说。扼要地说,空宗与有宗,在乎方法论的不同。凡主张"他空"——以"此法是空,余法不空"为立论原则,就是主张空者不有、有者不空的,虽说空而归结到有,是有宗。凡主张"自空"——以"此法有故,此法即空"为立论原则,就是有而即空、空而即有的,虽说有而归结到空,是空宗。依着此项原则,在认识论上,"缘有故知"是有宗,"无实亦知"是空宗;在因果依存的现象论上,"假必依实"是有宗,"以有空义故,一切法得成"是空宗。此等空有分宗的差别,在大乘中充分发挥;而思想的根源,早已在阿含经与毗昙论中显出它的不同。所以对于空义的研究,虽应以大乘空相应经及《中观论》为中心,但能从阿含及毗昙中去探求,更能明确地把握空与有的根本歧异,更能理解大乘空义的真相,不被有宗学者所惑乱。本论就是想在这方面给以概略的研究。

第二节 空有之关涉

第一项 依有明空

一提到空,便关联到有;佛法不能不谈空,佛法也就不能不说有。无论说的是实有、幻有或(中国说的)妙有,总都是有;所以要明空,应该依有明空。依佛法,修学的程序,应该先学"有"。这不是什么"先学唯识,后学中观"的先学有,是说对于缘起因果法相之"有",必须先有个认识。从否定虚妄的空义说,绝不能离有去凭空否定,必在具体法(有)上去勘破一般人的错误认识。从深入法性的空理说,这空理——空性,也必须在具体法相上去体悟它。声闻乘经说的"诸行空、常空、我空、我所空",不都是从具体的"行"(有为法)而显示空的吗?就是大乘经,如《般若心经》的"照见五蕴皆空",也是从具体的五蕴法上照见空的。行从佛法的修上说,要离边邪,就必须拿正确的行为来代替,不是什么都不做就算了事。要解脱生死,必须先有信、戒、闻、施等善行方便,也不是什么都不要。所以无论是理解、是行为,从有以达空,是必然的过程。《杂阿含》三四七经说:

> 先知法住,后知涅槃。

先有通达缘起法相的法住智,然后才能证得涅槃智,这是必然不可超越的次第;超越了就有流弊。一般学空的无方便者,每觉得空义的深刻精微，而对因果事理的严密、行为的谨严，反以为无足轻重，那是大大的错误了！

第二项　知空不即能知有

一般以为能理会缘起不碍性空、性空不碍缘起，便算是不忽略有，善于知有了。凡是正确的从空明有，当然能够体会到性空缘起的无碍不相冲突的。但明理并不就能达事，体空也不就能知有。如桌上的瓶，如确乎是有，我们观察它是因缘和合的幻有，是无常、无我、无自性、空的；虽空而缘起假瓶的形色、作用还是有的。这样的依有明空，是缘起性空无碍；可是，桌子上到底是不是有瓶？是怎样的有？甚至那边屋里是不是有香炉等等，则须另用世俗智才能了解，不是明白了总相的空理就可明白事相的一切有。佛弟子周利槃陀伽，证了阿罗汉果，对于空理不能说不了达，了达的也不能说是错误，可是他不能说法，因为缺乏了知有的世俗智。多少讲空者，说到性空不碍缘起，以为什么都可以有，而不注意事实。结果，空理尽管说得好听，而思想行为尽可与那最庸俗最下流的巫术混做一团。所以究竟是有没有，究竟有何作用，究竟对于身心行为、人类社会有否利益，究竟障不障碍出世解脱——这些问题，不是偏于谈空所能了解的。

根本佛法与后来的一分大乘学者，有点不同。佛说，必须先得世俗法住智，对缘起法相得到正确认识，然后才能体验涅槃的空寂。但有些学者，不能事先深切决了世俗，下手就空，每每为空所障，偏滞于总相空义，不能善见缘起，往往流于怀疑或邪正混滥的恶果。应该记着：知空不即能知有，空并不能证明有的正确与否。

不过,佛法的知有,不是要知道世间一切的有(能知道当然也好),主要在对无始来的生命缘起有个正确认识。明白了这样的有,依以通达空性而证解脱。至于菩萨的无边广大智,及世间的一切事物,即使不知道,并不障碍解脱。佛法在因果缘起上所显发的空理,是一种普遍的必然理则,所以说无常,必普遍地说"诸行无常";说无我,必普遍地说"诸法无我";说空,必普遍地说"一切法空"。这如哲学上的最基本最一般的原理。它遍于一切法,一切法都不能违反它。能体验得这个必然理则,就能解脱,所以对其他问题,"不要故不说"。从有情自身出发,直捷地求解脱生死,并不需要知得太广大。至于菩萨的广大智,遍学一切法门去化导众生,则那就要有世俗智的善巧了。空有空的意义,不容许夸大了去包办一切、解决一切。

第三项 沉空滞寂

有人说:佛法讲空太多,使人都沉空滞寂而消极了,所以今后不应再多说空了。实则,空与沉空滞寂是有些不同的。沉空滞寂,本是大乘对小乘的一种批评。到底小乘是不是开口闭口讲空呢?事实上大大不然。不要说一切有部,就是谈空知名的成实论者,及大众系他们,也大分还在说有。说有尽管说有,始终免不了落个沉空滞寂的批评,这是什么缘故呢?因为他们从无常门出发,厌离心深,既缺乏悲愿,又爱好禅定,于是急急地自求解脱,甚至法也不说一句地去住阿兰若;这才真正的沉空滞寂。这种消极,并不是说空说坏了的;相反的,大乘的说空,就是要对治这般人的。因为空重知见、重慧学，可以改变这些偏重禅定的人。沉空滞寂，绝不是空病，病在他们对于有的方面用心偏失——悲愿不足，偏好禅定，急求证入。经中说的阿兰若比丘或辟支佛，就是他们——从自心清净解脱上说，独善也大有可取，不过不能发扬悲愿而利济世间，不足以称佛本怀罢了！悲愿较切的圣者们，依于空，不但消极的自己解脱，还注重弘法利人；空、无我，正可以增长其同情众生痛苦的大悲心，加强其入世的力量。大乘批评小乘不能善巧用空，缺乏世俗智，所以一入空就转不出来了。大乘善用空者、不沉空滞寂者，还是这个空。所以沉空滞寂，不是空的错误；空是不错误的，只是他们不能领会佛陀中道的意趣，还不能实现菩萨的甚深空义。所以，沉空滞寂与恶取空不同，恶取空是对于空的谬解，不但不成菩萨，也不能成声闻贤圣。

　　说到这里，我们应该特别认清：第一、说空并不就会使佛法消极；第二、只求自己解脱而不教化众生则已，要化他，就不只是明空而已。空固然是佛法的要旨，但须与其他一切事相配合起来的。单谈理性，不与实际行为相配合，空是可能会沉空滞寂的。不只是空，专重真常妙有的理性而忽略事行，也还是一样的要沉滞消极。独善与兼济的分别，不在于解理，主要在于行为的不同。

第三节　空义之研究

　　对于空义，第一、不要站在宗派见解上来研究。空是遍于佛法的特质,大家都在说空,并不限于什么三论宗或应成派的。各方面说的有所不同,我们应该抉择而条贯之,摄取而阐发之,使它更接近空的真义,不要形成宗派与其他宗派对立起来。到底是佛法,即使空得不彻底,总还有点空的气息,总还是佛法,不要以宗见来排拒一切!

　　第二、佛乘的空义,本以生命为中心,扩而至于一切法空。一切法空,空遍一切法,依以明空的有,也就包括一切法了。这"有"的一切法,为对于有情而存在的世间,善恶邪正不可混。而事相,古人大都于现实时空而说的;世间以为有,佛也就以为有。可是这有的一切,是不断在随时代而进步改变的。欧阳竟无说:"阐空或易,说有维难。"具体事实的条理法则是难得知道的,何况还要与法性空相应!说有实在不易。对这具体的有,必须在不碍空义中,另以世间的智光来观察它。现代各种学术的进步,对"有"的说明是更微细精确了!学空的人,应该好好地注意采用。《杂阿含经》三七经中,佛说:

　　　世间与我诤,我不与世间诤。世间智者言有,我亦言有;世间智者言无,我亦言无。

　　佛法的目的,并不在与世间诤辩这些有的现象,而是在这有的现象上去掘发其普遍必然的真理,从智慧的证知去得解脱。所以我们研究佛法,应该注重它的思想原理,借现代世间智者以为有的一切事物,相应而阐发之,这才能使佛法发生新的作用。

　　第三、古德虽极力说明性空的不碍缘有,但实际是对于有发挥得太少了！大都依有明空，忽略反转身来，从空去建立正确合理的有———切实际的思想行为。今后应该在这方面特别注重发挥；否则空者忽略有，而谈有者又不能圆解空义，使佛法不能得到健全的开展，汩没佛法的觉世大用。

第二章　阿含之空

第一节　总　说

第一项　阿含为空义之本源

阿含经是从佛陀展转传来的根本教典，空义当然也是以阿含为根源。有些学派，因对阿含的看法不同，影响到他对于空的看法不同；阿含对于"空"的重要，可见一斑了。处在现今，要想对于古典的阿含得个圆满的认识，本是很困难的。假使我们愿意在观察各种佛教的发展情势中，彼此同异的比较中，时时回过头来注意这根本教典，从本教去观察发展的佛教，那将会别有会心；将发现多少学者在发展流衍中数典忘祖，把阿含都忘记了。那么，我们在研究空的时候，是应该怎样的注意到这根本教典阿含中的空义。

声闻学者或明我空，或明法空，思想都直接出于阿含，这是不用说了。就是大乘学者，如龙树、无著他们所显了的空义，也有出于阿含的。如龙树《中论》里，引《虚诳妄取经》及《化迦旃延经》以明空;《十二门论》引《裸形迦叶经》以明空;《大智度论》三门中的空门,全引阿含;四悉檀中的第一义悉檀,即根据《小部》的《义品》(《智论》译为《众义经》)而说明的。无著师资的《瑜伽师地论》,不但《闻、思地》都依据阿含,《菩萨地·真实义品》所引的三种经,除《转有经》而外,《义品》与《迦旃延经》,也都是出于阿含的。阿含是古代大小乘学者的共同依据,空义有一切理论的共同本源(有人说阿含明有,那是很错误的)。源净而后流淳,研究空义的人,对这根本教源的阿含,应该如何的注意!

现存的阿含经,有两种译本,就是南传巴利文三藏的五部,与汉译的四阿含。阿含中,尤以《杂阿含经》的性质,更早出、更重要,下文所说,大部分的根据都出于此。《长阿含》与《中阿含》(《长部》与《中部》),时代迟一点,说明空义的较少。汉译本的《增一阿含》,说空的地方不少,而且有些特别的意义。可是拿它和巴利文的《增支部》对勘一下,这些含有别义的经,都是巴利文中所无。就汉译本的内容看来,明显的与大众部(末派)有关。因为它的学派色彩太浓厚,留在下面谈学派佛教的时候,再去注意它。

第二项　真·实·谛·如

真、实、谛、如,这几个名辞,这里有一加解释的必要,因它的意义很重要。

佛法中无论说空说有,都是以修行的应离应行为主的。修行中最重要的,是要具足如实智。"如实",其所知所观的对象,就必定是真、是实、是谛、是如。小乘说到它,大乘也说到它;说空的依之说空,说有的依之明有,所以这是佛法中通常而又重要的几个名辞。

这几个名辞,阿含经中说到的,一、在明缘起处说到,如《杂阿含》二九六经说:

> 此法常住法住法界。……此等诸法,法住、法空、法如、法尔,法不离如,法不异如,审谛真实不颠倒。

这一经文,《瑜伽》等都有引证,不过文字少有出入。如《瑜伽师地论》卷九三引作:"法性、法住、法定、法如性;如性非不如性,实性、谛性、真性、无颠倒非颠倒性。"《法蕴足论》卷一一引作:"此中所有法性、法定、法理、法趣,是真、是实、是谛、是如,非妄、非虚、非倒、非异。"《舍利弗毗昙》卷一二引作:"此法如尔,非不如尔;不异不异物,常法、实法、法住、法定。"比较各译,意义差不多,只是《杂阿含》中"法空"的"空"字,应该是"定"字的误写。经义是说缘起法中前后为缘的关系法则,是法尔如是必然不谬的。所以在表诠方面,说它"是真、是实、是谛(谛是不颠倒义)、是如";在遮遣方面,说它"非妄、非虚、非倒、非异"。

二、在明四圣谛处说到的,如《杂阿含》四一七经说:

> 如如,不离如,不异如,真、实、审谛、不颠倒。

不要以为这些经文是在说实有自性。这是说:缘起因果,"此有故彼有、此生故彼生,此无故彼无、此灭故彼灭",其缘起流转与缘起还灭此彼之间的因果理则,确确实实是如此。佛能照其如此如此的理则而如实觉，依所证觉而如实说；这所说的因果必然理则，就是缘起支与四圣谛。缘起、圣谛的必然性、确实性的因果法则，就是事理的正确判断，是理智与对象的一致。如此的就见其如此，所证与法的真相完全吻合，没有一点错误，这就是真理。所以释尊赞叹而形容它说："是真、是实、是谛、是如，非妄、非虚、非倒、非异。"切勿误认这些形容词，是在说某法有真实自性。

缘起圣谛的因果法则，是理解与对象、能说与所诠的一致，而且是必然的、普遍的，所以经中又说："法性、法住、法定、法位、法界。"缘起法是本来如此的，"非佛作，亦非余人作"，所以说是"法性"，性有本来如此的意义。"住"是不动不变的意义；缘起法则，过去如是，现在如是，未来也如是，有其不变性，所以说是"法住"。"法定、法位"，是秩然不乱的意思；在缘起法则下，因者因，果者果，前者前，后者后，上者上，下者下，有其一定的决定的秩序与位次，丝毫不乱。"法界"的界字，作类性解，即是普遍性；如生者必死，此地的也好，彼处的也好，此人也好，彼虫也好，生者必死的共同性总是一样，绝不会有例外。

缘起圣谛的因果法则，是本来如是，必然如是，普遍如是而又确实如是的；释尊如实不谬地证悟到，所以赞叹形容它"是真、是实、是谛、是如"。后来的学者，把形容缘起法则的话拿去放在具体事实上，认为一切具体法是真是实是谛是如。如萨婆多学者的执一切有，原因就在此。大乘经中很多名辞——涅槃的同义词，都脱胎于此，如法性、法住、法界、……真实、真谛、真如，……非虚妄性、不变异性……，如《般若经》的真如十二名。

于是有一分学者,依文执义,又大谈其真常的胜义实有了。阿含经里的缘起、四谛,都是从因果生灭中的必然法则说的。因为缘起法则的深隐难知,于是或者在具体(形而下)的事物上,或者在深隐(形而上)的真实上,来说明显示它;但缘起法则,并不就是具体的事物或形上的真实。后人解释这"真实谛如",不注意到认识与对象之统一的缘起法则的必然确实性,别以为具体事物或真实胜义是真实谛如,于是问题就多了!

第三项　世俗与胜义

二谛是佛法的纲要,若空若有,都是依此而开显的。可是现有的阿含中,未见有明白的说明。不过,照《俱舍论》卷二二所说的"余经复说谛有二种",阿含应该有明阐二谛的经文,只是汉译本中未曾译出罢了。况且二谛是大小空有一切部派共同承认而无异议的,那是根本佛教所有,应该是不成问题的。

"谛",是正确不颠倒义,与实在不同,它是真实而不颠倒的,是从认识的符合对象而说的。真实只应有一个,不会是多的,为什么说"谛"有二种呢? 这是后代学者所深切注意到的,小乘如《婆沙》、《正理》,大乘如《大般涅槃》、《仁王般若》等,都曾讨论过这问题。在这里,我们要承认:所谓确实性,所谓"是真是实是谛是如",只要认识与对象的某种合一就是了。在世俗立场说,只要人人认识以为如此不谬的,就可以安立其确实性——世俗谛了。若是真实而非一般人所能认识的,那是圣者同证的特殊境界,是第一义谛。世俗的真实,只要世俗立场以为真实就可以了,不必是理想所欲证达的究竟真实——圣者的证境,因为那是依第一义的立场说的。

　　所以,二谛是从不同的认识而安立的两种真实;虽不是彼此无关,但却是各就所见而说。释尊不像庸俗者的固执世俗,能引凡入圣,阐述这即俗而真、随顺第一义的世俗法,称之为中道的立场,如《杂阿含》三〇〇经说:

　　　　离此二边,处于中道而说法,所谓:此有故彼有,此起故彼起。

　　中道立场的说法,不落凡夫二边的恶见,而能即俗明真,是恰到好处的说法。这所说的就是"此有故彼有"的缘起法。中道,本形容中正不偏。阿含经中,就行为实践上说的,是离苦乐二边的不苦不乐的中道行(八正道);在事理上说的,即缘起法。缘起法是佛教的中道法,为什么呢? 因为缘起法可以离诸边邪执见。如《杂阿含》三〇〇经与九六一经,说缘起以离常断二边见;九二六经与二六二经,说缘起以离有无二边见;二九七经说缘起以离一异二边见。这断常、有无、一异等偏邪执见,均可由这缘起法来远离它;反过来,可显示缘起法的不断不常、非有非无、不一不异。一面破诸外道的偏邪,一面显示诸法的实相,所以缘起法是中道。

　　这中道立场所说的缘起法,到底是世俗呢,还是第一义呢? 是世俗。《杂阿含》三三五经(《第一义空经》)说:

　　　　俗数法者,谓此有故彼有。

《增一阿含·六重品》第七经,也有相同的文句:

云何假号因缘？所谓缘是有是,此生则生。

中道立场所说的"此有故彼有"的缘起法,经中说是"俗数法",是就世间一切因果生灭的假名因缘建立的。即假名缘起以离我我所、常断、有无、一异等邪见。因离执而悟入的,是第一义空,故《中论》说:"大圣说空法,为离诸见故。"缘起生灭法是俗数假名法,于中能离诸错乱,便是第一义空。是正确不颠倒的世俗谛,能即此缘起法以显示第一义谛,所以称为中道。

如不细心地思考,将觉到如来说法的矛盾。前说缘起是真是实,此却说是俗数假名法,到底是真是假？空者见假,有者执实,各走极端了。其实并不矛盾,如来说法是不会矛盾的。缘起法则确实如是,认识与对象符合,确然不谬,所以说是真是实。此因果的具体法是实有自体吗？是有常住不变性吗？有主宰独立性吗？没有！缘起的生灭法,确是俗数的假名法;缘起假名,不失其为世俗的谛实。至于见常、见一、见我、见我所,只是凡夫的错见;现在佛以超越凡情——第一义的立场否定之,所以是空。阿含即现实人生的立场以说明空;这生命缘起之空,约圣者深刻的理解到究竟真实说,是第一义谛。真谛,也是形容其正确,并不是实有自性。这种觉解,是常人所不能了解的,所以叫"第一义",就是"胜义"。就圣者与众生共同所有的因果现象说,是俗数法,是假名安立的。如来了解体验到第一义真实之空,所以解脱,所以能知世俗谛是假名;凡夫不能了解,执此假名为真实有,只说某一些是假名的、是空的,所以就生死流转了。

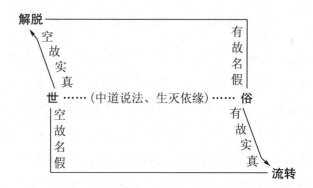

第四项　思择与现观

上面所谈,是关于事理的,现在来说"思择与现观"。佛法说空,有体验的方法,这是属于修行实践的,也可说是"空的方法论"。学者每因所用方法的不同,而对空也就说得不同,这可见方法论的重要。

先说现观。经中说的知法、现法、入法,正见、正观、如实知等,都是现观的别名。现观,是一种亲切、直接而明明白白的体验;是一种直觉到的经验,不是意识的分别,不是抽象的说明,也不是普通生活的经验;它是内心深入对象的一种特殊经验。拿个现代名辞来说,就是一种神秘经验。这种直觉的神秘经验,本来为世界各宗教所共有,而且作为他们的理想境界、所追求到达的目的,不过内容与佛法不同罢了。他们在狂热的信心中,加上诚恳的宗教行为,或祭祀、或忏悔、或禁食、或修定时,由精神的集中,迫发出一种特殊的经验;在直觉中,或见神、或见鬼、或见上帝,有种种神秘的现象。佛法中的现观,也就是这种直觉经验。如声闻乘的"阿毗昙",译为对法或现法;大乘的般若无分别智等，都是这类直觉。假使学佛法，但着重这直觉的现观，容易与外道——其他宗教相混，失却佛法的特质，或不免走上歧途。因为这种没有通过理智的直觉，混入由于信仰及意志集中所产生的幻象，虽有其内心的体验，但不与真相符合，所以这种不正确的境界是有非常危险性的。得此境界的人，尽管可以发生坚强的自信心，但对身心修养、社会、国家，不能有什么实际的利益，或者有小利而引起极大的流弊。佛法的现观，与外道的不同，是正觉，在乎特重理智，是通过了理智的思择。佛法中，在未入现观前，必先经过多闻、寻思、伺察、简择种种的阶段；这一切，此地总名之曰"思择"。思择，是纯理智的观察。在思择中，得到一种正确的概念之后，再在诚信与意志集中之中去审谛观察，以达到现观。所以，佛法的方法，可说是信仰与理智的合一，一般知识与特殊体验的合一。从现观去体验空性之前，必先经过分别智慧的思择，所以阿含中说："先得法住智，后得涅槃智。"从闻而思、从思而修、从修而证，这是佛法修行的要则，绝不容逾越躐等；逾越，就踏上了错误的歧途。

现观成就的结果，可得到一种离绝一切思惟分别、能知所知平等平等、融然一体的直觉，这是大小经论所共认的。不过，在这以前的思择，学派间就有所不同。佛说：人们种种思想见解的不同，是为了界的不同。界，是类的意思；环境、文化、观点、方法的不同，影响到所得的结论不同。佛法中学派思想的分歧，也是因为方法不同，结果各走极端，到了无可调和的余地。在佛法"见和同解"的意义上说，思想见解是不容许混乱的；那么，我们对于方法也就不能不注意求其统一了。

阿含的观察方法,最重要的一点,是以有情的生命之流为中心对象的。这生命之流有多方面:一、身心相关,如经中说的六处,是说明这方面的。二、心境相知,有情是有意识活动的;有能知的精神,就发现到所知的境界。经中说的五蕴,就是说明这差别的。三、业果相续,从认识到发为行为的活动,影响于未来。将这身心相关、能所相知、业果相续各方面的综合,就是缘起法。缘起法是生命之流较具体圆满的说明;佛法观察的对象,就是以此为中心的。所以佛法的探究,可说是对生命之流的一种观察与体验,故佛法是宗教,也可说是彻底的生命哲学。假使忽略了有情本位的立场,便是破坏佛法的根本立场。

以有情生命为对象去观察,其方法可以有三种:一、静止的分析:将有情作一种静的观察而加以分析,分析而又综合它。这在因果事相的辨析,佛教做到相当的严密;西北印的佛学者,于此用力最勤。二、流动的观察:在生命不断的发展变化中,作一种推理演绎的功夫,去把握生命演变的必然法则与因果的必经阶段。这方法比较活泼,近乎推理派。三、可说是直观的洞见:在有情生命和合相续中,去体察一一法的当体;在彼此相互的关系中、前后相续的联络中,显露一一法的本性,这是一种直觉的透视(直观有两种:一、现观的经验,一、思择的体察。这是后一种)。所得的,不再是它的表象,而是深入它的本性;直显一切法如幻皆空的,就是用的这类方法。但这需要建立于前二者的基础上,即依于同时的彼此析合、前后的起灭断续,否则,不过是孤立而静止的神我见。

佛陀用这分析、推理、直观方法来观察,我们也应合理善巧地应用。依修学的次第可以这样：初学的，先作事理的辨析，然后推理以求其条贯之理则，然后去体验当体的空性。大体如此，而实际上仍须有机地适当配合起来。这些方法都是不可缺的，后代佛弟子也都应用过，只因偏用不周，而致分化各走一端。我们应该善巧运用，勿再蹈前人的覆辙！

第二节　空之抉择

第一项　无常为论端之蕴空

如来对五蕴法门，曾说道："观五蕴生灭。"可见佛多半是在生灭无常的观点去观察五蕴性空的。

佛法常说有三法印或四法印；这前面，可以加两法印的一种。由二句而三句而四句，兹依次明之。

最简要的，是两句的说明。世间上色等一切法是生灭无常的；而佛法的目标，亦即人类的最后归宿，在涅槃解脱。可是常人不知从何去把握涅槃，如来善巧地就五蕴无常为出发来说明它。如《杂阿含》二六〇经说：

> 阴是本行所作，本所思愿，是无常灭法；彼法灭故，是名
> 为灭。

一切法，有情也好、器界也好，都在灭的过程中前进；一切法的本性，都是归于灭，都在向着这个灭的大目标前进。我们只要使它灭而不起，就是涅槃。"涅槃"译曰寂灭；不扰动，不生起，体证

到本性灭,就是涅槃。一切是本性自灭的,不过常人灭了要再生而已,所以《杂阿含》九五六经说:

> 一切行无常,悉皆生灭法;有生无不尽,唯寂灭为乐。

上面是无常生灭与涅槃寂灭的两句,如《杂阿含》二七〇经加上"无我",就成为三句:

> 无常想者能建立无我想。圣弟子住无我想,心离我慢,顺得涅槃。

从无常出发,以无常为因,成立无我之宗;以无我而达到涅槃。众生之所以永在无常生灭中而不涅槃,佛说:问题在执我。佛经说的生死因,如我见、我所见、我爱、我慢、我欲、我使等,都加个"我"字。如能断了我见,就可证须陀洹果,能将我慢等(修所断惑)断除得一干二净,就能证得阿罗汉的涅槃果。所以这无常到无我、无我到涅槃的三法印,不但是三种真理(法印),而且是修行的三种过程。

又有在无常下加"苦"而成四句的,如《增一阿含·四意断品》第八经云:

> 一切诸行皆悉无常,一切诸行(应作"受")苦,一切诸行(应作"法")无我,涅槃休息。

这样的经文很多,这不过举例罢了。这无常、苦、无我、涅槃,就叫四法印或四优陀那。经中常说:"无常故苦,苦故无我。"这四印的次第,是有因果的关系。在学派中,有主张三法印的,有主张四法印的。其实,三法印就够了,因为苦是五种无常所摄,说无常就含有苦的意义了。如《杂阿含》一〇八五经云："一切行无常,一切行不恒,不安,非稣息,变易之法。"这就在无常变易中显示其不安乐之苦;所以,可不必别立苦为一法印的。

又,三法印中的无我印,有分析为二句的,如《杂阿含》第九经说:

> 无常即苦,苦即非我,非我者亦非我所。

这在无常、苦、无我之后,加"无我所"成为四句。又如《杂阿含》第一及一二一四经等,则说"无常、苦、空、无我"四句。这样一来,把"空"的意义看小了,使它局限为苦谛四行相之一。于是有部学者,说这个"空"是无即蕴我,"无我"是无离蕴我。《成实论》则说:"空"是我空,"无我"是法空——法无我(但在单说"无我"的经文,也仍旧解作人无我)。细勘经文,《杂阿含》第一经,汉译虽分为无常、苦、空、无我四经,而巴利文却只有三经;如第一二一四经的四句,现存大藏经里的别译《杂阿含》,也只说"无常无有乐,并及无我法",没有空的一句。直到后来的《大般涅槃经》,还说涅槃的常、乐、我,是对治无常、苦、无我"三修比丘"的。所以,佛法的初义,似乎只有无常、苦、无我三句。把空加上成为四行相,似乎加上了"空"义,而实是把空说小了。这因为,照《杂阿含》其他的经文看来,空是总相义,是成立无常、苦、无我的原则,如二六五经云:

> 谛观思惟分别时,无所有,无牢,无实,无有坚固,如病如痛,如刺如杀,无常、苦、空、非我。

又二七三经云：

> 空诸行；常恒住不变易法空，无我我所。

这都先空而后无常、苦、无我；空的是总一切的"诸行"；空是贯穿了常与我、我所。以总相义的空来否定常及我、我所，指出常、我、我所的不可得。依这见地，不但我空、我所空，无常也是空。《杂阿含》二三二经，说得最为明白：

> 眼空，常恒不变易法空，（我）我所空。所以者何？此性自尔。

一般学者，在世间生灭现象上，对无常作肯定表诠的解释，以为无常是法的生灭，并不是没有自体，不是空。不知如来的本意，不在说有，是要在生灭流动中，否定其常性的不可得。常性既空，我我所当然也无所有了。"终归磨灭"与"终归于空"，在阿含中是完全一致的。所以，空是遍通诸行"此性自尔"的——后代大乘的本性空、法性空等皆出此；因为空，所以诸行无常，所以诸法无我。空是深入诸法本性的，深而又遍，不应把它看小，局限在"无人我"或"无即蕴我"上；这仅是空义的少分罢了！总之，蕴法门是以无常为论端的，即诸行之生灭无常，群趋于灭，而显示其皆空，达到涅槃寂灭。

在这里，顺便谈谈无常、苦、无我的理由。

在一切流变的世法中，佛见出它的无常，就在现实的事象上指示我们去认识。本来，一切法都在变动，绝对常性的不可能，世间学者每能体会到此；就是一般常人，也可以知道多少。但是,人们总不能彻底,总想要有个常性才好,或以为生灭无常现象的后面有个常住的实体,或以为某分是无常,某分是常——如唯心论者之心。以佛教的观点看,不管内心外物,一切都是无常的。对这个道理,释尊曾用多少方法譬喻来显示。现在且说两点:

第一,以过未显示现在无常,如《杂阿含》第八经云:

> 过去未来色无常,况现在色!

这个见解,在常识上或以为希奇。其实,那是时间观念的错误。佛说三世有(姑且不问是实有或是幻有),既有时间相,必然是指向前有过去相,指向后有未来相。只要有时间性的,必然就有前后向,有这过去与未来。众生对当前执著,同时也不断地顾恋过去,欣求未来。佛法上过现未之分别是:已生已灭的叫过去,未生未灭的叫未来;现在,则只是过去与未来的连接过程;离过未,现在不能成立。现在,息息流变,根本没有一个单独性的现在,所以说它是"即生即灭"。过去已灭,未来未生,现在即生即灭,正可表示其无常。现在依过未而存在,过未尚且无常,何况现在! 佛观无常,在过未推移中安立现在,过未无常不成问题,就依之以表示现在常性的不可得,而了达于空。

第二,以因缘显示无常,如《杂阿含》一一经云:

> 若因若缘生诸色者,彼亦无常;无常因无常缘所生诸色,云何有常!

诸行是依无常因生的,所以无常。这与一般人的常识观念又不同;一般人虽谈因果,但总以为推之最后,应该成立一个常在的本因。佛则说:凡为因缘法,必定都是无常的。因果的关系是不即而不离的,所以,因无常,果也必然的无常。何以知因是无常呢? 在时间上说,因果不同时,说果从因生的时候,早就意味着因的过去,这怎么不是无常呢? ——因果若同时现在,哪一法是因,哪一法是果,到底如何确定,这是无法解决的。所以安立世谛因果,多约时间的先后说。

另提出一点与无常有关的问题。问题是这样的:一般凡夫,对于色法,很能够知道它的无常,而对心法却反不能。本来,色法有相当的安定性,日常器皿到山河大地,可以存在得百十年到千万年,说它是常,错得还有点近情;但一般还能够知道它的变动不居。偏偏对于心法,反不能了达其无常而厌离它,这是什么缘故呢? 佛法说:这是我见在作祟。一切无常,连心也无常,岂不是没有我了吗? 它怕断灭,满心不愿意。所以,在众生看来,法法可以无常,推到最后自己内在的这个心,就不应再无常了,它是唯一常住的。循着这思想推演,终可与唯神论或唯我论、唯心论相合。至于佛法,则认为心与色是同样的无常,所以《杂含》二八九经说:

> 凡夫于四大身,厌患离欲背舍而非识,……心意识日夜时刻须臾转变,异生异灭,犹如猕猴。

色法尚有暂时的安住,心法则犹如猕猴,是即生即灭的,连"住"相都没有,可说是最无常的了。对这色心同样无常的道理,假使不能圆满地理解接受,必然要走上非无常非无我的反佛教的立场。

其次，说明苦的理由。无常是否定的，否定诸行，说它终究是要毁灭的。终要毁灭，正是赤裸裸的现实真相，释尊不过把它指出，要求我们承认而已。这不使人感到逼迫痛苦吗？在佛法，理智的事实说明与情意的价值判断，常是合一的。所以无常虽是事实的说明，而已显出"终归于灭"的情感；"无常故苦"，这是更进一步了。一般说：受有三种或五种，人生并不是没有乐受、喜受。不过"无常故苦"，是就彻底的究竟的归宿说的；人生虽暂有些许的快乐，可是绝不是永久可靠的。《杂阿含》四七三经说：

> 我以一切行无常故，一切诸行变易法故，说诸所有受悉皆是苦。

世间快乐的要随时变化，不可保信，所以本质还是苦的。佛说，对于快乐的得而后失所感受到的痛苦，比没有得过的痛苦要猛烈得多。所以说天人五衰相现将堕落时，是最痛苦的；在人间，先富贵而后突然贫贱，所感受的痛苦也更大。所以乐受是不彻底的。其次舍受，常人之无记舍受，是苦乐的中间性，不见得比乐受高。唯定中的舍受，确比乐受胜一着。常人的快乐，心情是兴奋紧张的，不能保持长久，终于要松散而感疲劳之苦。舍受，如四禅以上的舍受，心境恬淡、平静、宽舒、适悦，是一种与轻安相应的而更高级的。这种心境虽够好了，可还不能彻底，定力退失后，还是要到人间三途的苦乐中去轮回打滚。"无常故苦"，是在一切不彻底、终归要毁灭的意义上说的。如只说无常变化，那乐的可变苦而称为坏苦,苦的不也同样可变乐吗？这种苦的认识,是不够深刻的。在彻底要磨灭的意义上看,苦才够明显、深刻。

其次,说明无我的理由。简单说一句:"苦故无我。"无我,或分为"无我"、"无我所"二句。《杂阿含》中也常把它分为三句,如说色:"色是我,异我,相在。"反面否定辞则说:"色不是我,不异我,不相在。"这初句是说无即蕴我,第二句说无离蕴我,第三句也是无离蕴我,不过妄计者以为虽非蕴而又不离于蕴的。如说色蕴,若执我的量大,那就色在我中;如执我的量小,那就我在色中(若我与蕴同量,没有大小,则必是即蕴我了)。对这不即蕴而不离蕴的执见,佛陀破之,蕴不在我中,我也不在蕴中,所以说"不相在"。此第三句的"不相在",又可分为二句,每蕴就各四句,五蕴就共有二十句;就是所谓"二十种我我所见"。这在各蕴的当体上说无我,比一般的分析五蕴而后我不可得的无我观,要深刻得多！分析有情为五蕴,一合相的我执虽可不生,但色等各蕴还是实有,我执仍有安立的据点,我执仍旧破不了。这里说的无我,纯从无常观点出发:无常变动故苦,苦就要求解决,对好的追求,不好的拒离,这离此求彼的意欲,就是痛苦。因有欲求的意志,等于承认不得自在,不自在就是无我。梵文的"我"字就是自在——平常释我曰主宰,主宰也就是自在,含有自主而控制裁决诸法为我所有的意义。现在,诸行是变动的、痛苦的、不能自在的,所以无我。这种理论体系,纯从无常出发,小至一色一心,都没有建立自我的可能。

无常、苦、无我的反面,就是常、乐、我。根本佛教时期,正是婆罗门教发展到梵书、奥义书的阶段,是梵我思想发挥成熟的时代。梵我是宇宙的大元,也是人生的本体;奥义书学者的解释,虽极其精微玄妙,但扼要点不外说这梵我是常在的、妙乐的、自在主动的。他们依这梵我来说明宇宙与生命的现象。同时,经过某种宗教行为,把这常乐自在的梵我体现出来,就是痛苦的解脱,依之建立常乐的涅槃。释尊平日不和他们争谈这些玄虚的理论,针对着他们想像中的常、乐、我,拿出现实事相的无常、苦、无我,迫他们承认。释尊的立场,是绝对反婆罗门的。对这,我们应该切实认识!

顺便一谈涅槃。涅槃为佛子终究的目的所在,一切问题都归结到这里来。综合上文看,五蕴法门是以无常为出发,成立苦、无我,而后达到涅槃。不过,也有不经苦、无我,而直用无常来成立涅槃的。无常是生灭义,生者必灭,一切一切,确都是灭尽之法。世人固或知之,但他们偏注重到生生不已的生的一面,忽略了灭。生生不已,佛法并不否认;但生者必然要灭,一切痛苦依此生生不已而存在,确又是赤裸裸的事实。佛法就是要在这生灭不已之中,设法使它灭而不生,以之解决一切痛苦。灭,不是佛法的故意破坏,它是诸法本来如是的必然性(法性自尔)。因有了某种特殊的因缘联系缚著了,所以灭了之后又要生;现在把这联系截断,就可以无生灭而解决痛苦了。所以经说:"诸行无常,是生灭法;生灭灭已,寂灭为乐。"或依三法印,从诸行生灭无常,体解我性的不可得。众生因妄执常、我而生死,现在能够了解蕴性无常、无我,离常、我的执见,则因无常生灭而厌、离欲,便可以达到涅槃之灭。

还有,如《杂阿含》二六二经云:

> 一切诸行空寂,不可得,爱尽,离欲,涅槃。

空,不仅在生灭有为法的否定上讲,而更是直指诸行克体的空寂不可得;本性空,就是涅槃。了空寂,离爱欲,而实现涅槃的当体,就是空寂。这样,从无常说,无常是生灭义,主要的是灭义(故生老病死之死,亦曰无常);使诸行灭而不生,恢复其灭的本性,就是涅槃的当体。就无我说,一切诸法本来无我,只是众生执著不了,故起流转;故《杂阿含》第五七经云:

> 凡夫于色见是我;若见我者,是名为行。

诸法本来无我,能了达而不起执,归于本性的空寂,就是涅槃。总之,不问从无常说涅槃,或从无我说涅槃,都不离空义,都是以空义而说涅槃的。空,不但空常、空我,涅槃的本性就是空寂。一分学者把涅槃说在离有为无常之外,把它实在化了,于是空与涅槃脱了节。须知涅槃就是有为法本性的空寂,只不过以无我、无常,经过爱尽、离欲而已。这样,空与涅槃打成一片,一切法本性涅槃,即此一根本要义的申说。

第二项　无我为根本之处空

处,就是眼、耳、鼻、舌、身、意六处。也有分内六处、外六处为十二处的。释尊说处法门的注重点,与蕴法门的重在无常不同,它是特别注重到无我——空上面。《杂阿含》第一一七二经(《箧譬经》)说蕴如拔刀贼(显无常义),处如空聚落。从这譬喻的意义,可见处法门与空无我义是更相符顺的。

阿含中从五蕴和合假名众生的当体,说明无我义,固亦有之;但大多是五蕴分开说的,如识蕴是我,前四蕴是我所等。又多从"无常故苦,苦故无我",从无常的观点出发展转地来说明,即偏从主观(情意的)价值判断来说明的;很少从生命总体,从事实观察上,用一种直接的方法去说明无我的。从有情自体直接辨析其空无我的,大都在处法门里。看阿含经讲的蕴与处,很容易生起两种不同的概念:说蕴都曰无常、苦、无我,少说到空,易生我无而色等蕴法可以有的观念。六处法门,则说到我是依法建立的;我之所以是无,因法就是假的,我没有立脚点了。法若是常在实有,则依此法可以立我;若此法不能依以立我,必此法非常、非实。说不可执著我,必然说到法的不实。所以,从六处法门,容易生起法空的见解。

《杂阿含》二七三经里,提出这样的几个问题:

> 云何为我? 我何所为? 何法是我? 我于何住?

第一个问题,是问我的自体,就是说依之成我的是什么? 释尊答道:

> 眼色为二,耳声、鼻香、舌味、身触、意法为二。……譬如两手和合相对作声,如是缘眼色生眼识,三事和合触,触俱生受、想、思。

将十二处分为内根与外境二类。在内外相待接触的关系下生起识来,经中喻如两手(根境)相拍成声(识)。二合生识,三和合触,有了根、境、识三的关系,就有触(照阿含的本义看,识与根境之联络就是触,与经部假触说相近)。如是六受、六想、六思,都跟着生起了。这个就是我,就在这内外处关涉的综合上建立曰我。六处法门确与五蕴法不同,开头就以有情生命自体——六根和合为出发。缘起的存在,不是单独的,人的存在,必然就有世界的存在,于是六根的对象有六境存在。有生命自体,有待于自我的外界,内外接触,就有心识的精神活动;于是六触、六受、六想、六思都起来了。所谓我,就是如此。

第二问题,问我的动作事业,释尊的解答道:

> 此等诸法非我非常,是无常之我,非恒非安隐变易之我。所以者何? 比丘! 谓生老死没受生之法。

这内外和合之假名我,是在息息流变中,毫无外道所想像的常、乐;它的事业,就是受生、衰老、疾病与死没。

答第三问的何法是我,则云:

> 比丘! 诸行如幻如炎,刹那时顷尽朽,不实来、实去。

十二处应特重六内处,所谓"诸行",就是这眼等六内处。它的性质,如幻、如阳焰,刹那变坏的。是因缘和合法,缘合而生,所以生无所从来;缘散而灭,所以灭无所从去。虽然有,却不是实在的。这六处,就是如幻诸行,就是空寂、无自性的缘起。所谓我,就是这六根的缘境生起识、受、想、思来的活动的综合;世俗谛中的我,不过如此而已。

这如幻假我,即空寂无我的道理。更提出明显正确的说明它,就是解答第四个问题——我于何住。

> 是故比丘!于空诸行,当知当喜当念空诸行常恒住不
> 变易法空,无我我所。

这是说:我无所住。如我有所住(立足点),所住必是真实、常恒
的。但一切法皆是因缘和合、不实不恒的,所以欲求真实的我,
是不可得的。它只是六根和合作用的假名我,真实自体是不可
得的。处法门中,特别注重到我的建立,无真实自我,唯有假名
的诸行生灭。生是空法生,灭是空法灭,意义比蕴法门要明显得
多。与这经的意义相同的,还有《杂阿含》三〇六经,现在也录
下来作参考。

> 眼色缘生眼识,三事和合触,触俱生受、想、思,此四无
> 色阴;眼(则是)色(阴)。此等法,名为人,于斯等法作人
> 想。……此诸法皆悉无常、有为、思愿缘生。若无常有为思
> 愿缘生者,彼则是苦。又复彼苦,生亦苦,住亦苦,灭亦苦。
> 数数出生,一切皆苦。

从上看来,在表面上,我是假我,是依六处和合安立的;这似
乎有"我无法有"的思想。其实,一一法若有实在性、常恒性,这
一法就可安立我,就是我。唯其法法都没有实在性、常恒性,所
以我不立。法有,必定是如幻如化的世俗假有,才可以依以建
立缘起因果。众生不了解这假名的缘起因果,在此因果相续上,
执有常恒自在的自我。而佛法,却在这世俗的缘起因果中,显出
第一义的真空,如《杂阿含》第三三五经,即开示此义:

眼生时无有来处，灭时无有去处，如是眼不实而生，生已尽灭，有业报而无作者。此阴灭已，异阴相续，除俗数法。……俗数法者，谓此有故彼有，此起故彼起。

《增一阿含·非常品》第八经、《六重品》第七经（有钻木生火喻），有与此相同的经文，都是从六处法门而引入缘起胜义空的法门。

现在将五蕴与六处作个比较：蕴与处，表面似乎不同，实在内容是无所差异的。如说处法门，由内外处的根境和合生识，三和合触而与受、想、思俱生，这活动的过程就是五蕴。内六处，主要是色蕴，识、受、想、思（行）是无色四蕴。所以五蕴与六处，毕竟是同一的。假使要说二者有所不同，那么是这样的：六处以有情身心自体为中心，凡夫自觉为我，而向外缘取六境；这我是主动的，建立在能边，如说："我眼能见色，我耳能闻声，乃至我意能知法。"五蕴呢，它是在有情认识活动上说的，是依四识住建立的。识是能知的精神，有能知必有所知。这所知可分二类：一、一切外在的物质现象，就是色蕴。二、内在的心理形态，即受、想、行三蕴。不问是内是外，它都是识的所知，而识也是所知的，所以经中说："一切所知是五阴。"凡夫在这五蕴上执我，这我都建立在所边，它与六处我之建立在能边略有不同。总之，说建立点，六处是建立在身心和合的生命总体上，五蕴则建立在内外相知的认识关系上。说无我，蕴法门是五蕴别别而说，处法门则在六处和合上说。蕴法门，大都说"无常故苦，苦故无我"；处法门则直说诸行如幻如化，自性不可得空。不过，蕴法门中并不是没有明显的空义，只是说得不多罢了。如《杂阿含》一二〇二

经、一二〇三经,及《中阿含·频毗沙罗王迎佛经》,都说过蕴空,而《杂阿含》二六五经说得最明显:

> 观色如聚沫,受如水上泡,想如春时焰,诸行如芭蕉,诸识法如幻,日种姓尊说。……无实不坚固,无有我我所。

古德站在法有的立场上,把这泡、沫、阳焰等譬喻,解释为生灭无常义。如从色受等一一法的自体上去理解,则五蕴如幻、如化、如泡沫、如阳焰,空义就显然了。

第三项　涅槃为归宿之缘起空

蕴、处法门虽也说到涅槃,但缘起法门特别以说明涅槃为目的。缘起说"此有故彼有,此生故彼生"必然要归结到"此无故彼无,此灭故彼灭"的寂灭涅槃;不像蕴、处法门的可说可不说。论到空义,如《杂阿含》第二九三经说:

> 为彼比丘说贤圣出世空相应缘起随顺法。

一二五八经也有同样的文句。缘起法叫空相应缘起法,可见缘起法门与空义最相顺,即以缘起可以直接明白地显示空义,不像处法门等的用譬喻来说。

阿含经中,缘起虽不必都说十二支,但十二支是意义比较完备的。五蕴与六处,都摄在这十二支缘起中。如五蕴,依现实的痛苦为对象,说明其无常、无我以达涅槃。经说苦谛(四谛之一)时,谓生、老、病、死、爱别离、怨憎会、求不得之七苦,总结则谓"略说五阴炽盛苦"。一切痛苦根本,就在五蕴中;所以蕴法门处处特别强调无常故苦,以劝发厌离。十二缘起支中的"有缘生、生缘老死忧悲恼苦",不就是这"五阴炽盛苦"的说明吗?有支之前有爱、取二支,这是惑、业,是集谛,是追寻有、生、老死等痛苦的来源而发现的,它是引发五蕴的原动力。所以经中的五支缘起(苦集二谛亦然),就是以这五蕴为中心而阐发的。处法门,依现实生命自体,从根境相关而生识,进明心识活动的过程——触、受、想、思。十二支缘起的六入、触、受三支,就是这六处法门。这以前有识与名色二支,是说六处活动的对象与结果。经中虽也有从生理发展过程上说明:由入胎"识"而有心物和合的"名色",而生长六根,把六处限在某一阶段上。但从认识论来说明,以六处为生命中心,缘名色支为对象而生起认识主体的识支,三和合而触支,触俱生受支,如是而爱支、取支、有支,触境系心,奔流生死而不止。这十支缘起,不正和六处法门所说的意义一样吗? 五蕴、六处,都是缘起的一分,综合而贯通之,加上无明与行,在生命流变过程上,作一种更圆满的说明与体认,就是缘起法门。

这不过说明缘起是什么,若要了解以涅槃为归宿的缘起空性,则必须指出:"无明缘行、行缘识……无明灭识灭。"这十二支,是因果事实,虽是众生生死流转的必然次第,但缘起最重要的原则,还在上面四句:

　　　此有故彼有,此生故彼生;此无故彼无,此灭故彼灭。

这指出生死与还灭的根本理则,是缘起之所以为缘起的根本义;那"无明缘行"等,只是依这根本理则的一一缘起法的具体事实。

　　佛法的根本原理是缘起法。有人问佛说些什么法？佛答：
"我说缘起。"缘起是什么？在各家各派之间，有着不同的解说。
我以根本佛教的立场，综合各家所说的共通点而观察之，可以
说：缘起是一种理则。它不就是因果，而是依——因果事实所显
示的原理。如"生缘老死"，凡生必死，是一切法的必然原理。
何时死，如何死，虽视生活条件而决定；寿夭有异，死的原因与状
态有异，但生者必死的轨则，是无论如何不会动摇的。从——生
命的因果事实去显示这理则，而——生命的存在与变动都不能
违反它，它是必然性而又普遍性的原理，所以释尊以"法性、法
住、法界常住"来称叹它。释尊的证悟这理则，是在现实人生的
具体因果事实上，以智慧光透视彻了，而认识其内在深刻的公理
通则。这所得的，固然是抽象的理则，但却不是架空想像的；它
不就是具体事实，却又不离具体事实而存在，有它的客观性，所
以说缘起"非我作，非余人作"。佛陀如是观察而证悟，如是证
悟而成等正觉，也依所觉而开示教授弟子。他说明缘起有两种
倾向：一、依缘起而说明缘生；缘起是因果事实所显的必然理则，
一切皆不能违反的定律。缘生是依这理则而生灭的事实因果
法——缘所生法。《杂阿含》二九六经所说的，就是这意思。西
北的婆沙、瑜伽学者们，说缘起是因，缘生是果，虽也是一种说
法，但忽略了缘起的必然理则性，未必是佛说缘起的本意吧！
二、依缘起开显寂灭，也就是依有为以开显无为。由缘起而缘
生，是"此有故彼有，此生故彼生"的流转界，是有为法；由缘起
而寂灭，是"此无故彼无，此灭故彼灭"的还灭界，是无为法。寂

灭无为,就是在依缘起的生灭有为法上开示显现的。如《杂阿含》二九三经云:

> 为彼比丘说贤圣出世空相应缘起随顺法,所谓有是故是事有,是事有故是事起。……此甚深处;所谓缘起。倍复甚深难见,所谓一切取离、爱尽、无欲、寂灭涅槃。如此二法,谓有为、无为。

佛法,不出生灭的现象界与寂灭的涅槃界。这二者的联系,就是中道缘起法。缘起与空义相应,击破了一一法的常恒不变性与独存自在性。既在一一因果法上,显示其"因集故苦集"为流转界的规则,又显示其"因灭故苦灭"为还灭界的规则。

但要问:因集故苦集,此因集,何以必能集此苦果? 无常无我云何能集起而非即无? 因灭故苦灭,生死苦云何可灭? 灭——涅槃云何而非断灭? 对这一切问题,确能够从现象推理成立而予圆满解答的,只有缘起法。现在拿三条定律来说明:

一、流转律:"此有故彼有",由有此因,故有彼果,本是常人共喻的因果事理。但佛陀却能在这平凡的事理上,发现一种真理:凡是存在,都不能离开因缘关系而单独存在。如此存在而不如彼存在者,必有其原因与助缘。现实世界之所以忽此忽彼,忽有忽无,有千差万别的变化不同,都是由于它的因有所不同。所以佛说:要改造现实,必须从因上着手。这"此有故彼有,此生故彼生",是缘起法的根本律,是现象界的必然定律,也是流转法的普遍理则。

二、还灭律:此生故彼生,因有故果有;反转来:此灭故彼灭,因无故果无。针对着有、生，从因上着手截断它，就归于灭无了。但灭，并不简单，还是要用另一种相克的因来对治它，所以说"有因有缘集世间，有因有缘灭世间"。因此，还灭也是缘起，它也是本缘起理则而成立的，不过特别转过一个方向，对流转的生灭给予一种否定。表面看，这好像是矛盾，其实，凡物之存在，本性就包含有矛盾在；在"此生故彼生"的时候，早就矛盾地注定了"此灭故彼灭"的命运。这是事物本来的真理，佛陀并非创新，只是把它揭示出来，安立为缘起的第二律罢了。缘起简单的定义是"此故彼"，流转之生、有，是"缘此故彼起"；现在还灭的无、灭，是"不缘此故彼不起"，并不违反"此故彼"的定义。所以"此无故彼无，此灭故彼灭"的还灭，也是缘起理则的定律。

三、中道空寂律："此灭故彼灭"的灭，是涅槃之灭。涅槃之灭，是"纯大苦聚灭"，是有为迁变法之否定。涅槃本身，是无为的不生不灭。只因无法显示，所以烘云托月，从生死有为方面的否定来显示它。如像大海的水相，在波浪澎湃中，没有办法了解它的静止，就用反面否定的方法，从潮浪的退没去决定显示水相平静的可能。涅槃也如是，从生命流变的否定面给予说明。常人不解此义，或以为涅槃是灭无而可怖的；这因为众生有着无始来的我见在作祟，反面的否定使他们无法接受。那么，要遣离众生执涅槃为断灭的恐怖，必须另设方便，用中道的空寂律来显示。从缘起的因果生灭，认取其当体如幻如化起灭无实，本来就是空寂，自性就是涅槃。《诜陀迦旃延经》正是开示此义。《杂阿含》第二六二经说得最明显。事情是这样的：佛陀入灭后，阐陀（即车匿）比丘还没有证得圣果，他向诸大圣者去求教授，说道：

> 我已知色无常，受、想、行、识无常，一切行无常，一切法
> 无我，涅槃寂灭。然我不喜闻一切诸行空寂不可得，爱尽、
> 离欲、涅槃。

他的症结，在以为诸行是实有的（法有我无），涅槃之灭是另一实事。他把有为与无为打脱为两节，所以仅能承认有为法的无常无我，涅槃的寂灭；而听说一切法空、涅槃寂灭，就不能惬意。他怀着这样的一个问题，到处求教授。诸圣者的开示，把无常、无我、涅槃等照样说一遍，他始终无法接受。后来，找到阿难尊者，阿难便举出《化迦旃延经》对他说道：

> 我亲从佛闻教摩诃迦旃延言：世间颠倒依于二边：若
> 有，若无；世人取诸境界，心便计著。迦旃延！若不受、不
> 取、不住、不计于我，此苦生时生，灭时灭。迦旃延！于此不
> 疑不惑，不由于他而能自知，是名正见，如来说。所以者何？
> 迦旃延！如实正观世间集者，则不生世间无见；如实正观世
> 间灭者，则不生世间有见。迦旃延！如来离于二边，说于中
> 道，所谓：此有故彼有，此生故彼生……此无故彼无，此灭故
> 彼灭。

阐陀比丘的误解，必须使他了解诸行非实、涅槃非断灭才行；这中道的缘起法，是最正确而应机的教授了。试问：为什么如实正观世间集可离无见而不起有见呢？正观世间灭可离有见而不堕于断见呢？因为中道的缘起法，说明了缘起之有、因果相生，是

如幻无自性之生与有,所以可离无因无果的无见,却不会执著实有。缘起本性就是空寂的,缘散归灭,只是还它一个本来如是的本性,不是先有一个真实的我真实的法被毁灭了;见世间灭是本性如此的,这就可以离有见而不堕于断灭了。这是说:要遣除众生怖畏诸行空寂、以涅槃为断灭的执著,不仅在知其为无常生灭,知其为有法无我,必须要从生灭之法、无我之法,直接体见其如幻不实,深入一切空寂,而显示涅槃本性无生。

《杂阿含》的九二六经,佛对迦旃延说入真实(胜义)禅,不要依一切想,以见一切法自性空寂。其别译经文(第一五一经)说:

> 比丘深修禅定,观彼大地悉皆虚伪,都不见有真实地想;水、火、风种及四无色(四无色界),此世他世、日月星辰、识知见闻、推求觉观心意境界,及以于彼智不及处,亦复如是皆悉虚伪。无有实法,但有假号,因缘和合有种种名;观斯空寂,不见有法及以非法。

在一切生灭有为法上,观察其当体悉皆虚伪、空寂,无有实法,一切只是假名安立;如是遣离有无二边见,而证入解脱涅槃。说到涅槃,大家都知道有两种:无余依涅槃,固然无身心可说;但有余依涅槃,阿罗汉们在生前就都证得了的。所以涅槃之灭,要在现实的事事物物上,一切可生可灭、可有可无的因果法上,观察它都是由因缘决定,自身无所主宰,深入体认其当体空寂;空寂,就是涅槃。这是在缘起的流转还灭中,见到依此不离此故彼性空,性空故假名,可称为中道空寂律。这是诸法的实相,佛教的心髓。

现在再从缘起的空相应上显示其归宿涅槃。缘起法此生故彼生，此灭故彼灭，当然也可以表现无常义；不过就其归宿说，是开示本性空寂，重在涅槃。悟缘起法的作用，主要在离我见——显会无我。一切偏邪僻见，都是以我见为主而引起的；在缘起中，显示一切唯是如幻的缘起，我性本空，所以我性不可立——无我。阿含中所提到的我见，有多种的分类法，都是以缘起来遣除的。如《杂阿含》九六一经，说明以缘起离断常见（断见常见是在我与身的同异上安立的）。九六二经，说明以缘起离十四不可记见（十四不可记见也都是以我见安立的，如世间有边无边等四句及常无常等四句。其所谓"世间"，就是我所见。如来灭后有无等四句，纯在我见上安立。命与身一、命与身异，是明我与我所的关系）。第四八经，说明以缘起离三际见（过去我曾有，现在我正有，未来我当有等）。而三〇二经，明以缘起离苦乐自作、他作、共作、无因作诸见。总之，一切我见、常见、断见、无因见、邪因见……等等诸戏论，都以缘起的如幻空寂遣除它，所以《中论》说佛是"能说是因缘（缘起），善灭诸戏论"。缘起法门，以离我见为本的一切戏论为大用，见之于实际修证上，便能离我、我所，得大解脱而实证涅槃。

第四项　我法空有

我空法空的意思，上面虽也略略提到，但因这是佛法主要的诤论点，所以再综合地一谈。

从阿含看，"我无法有"，是释尊常常说到的。如《杂阿含》

第三三五经说：

> 有业报而无作者。

第一二〇二经说：

> 唯有空阴聚，无是众生者。

作者与众生，是"我"的异名，释尊都说它是无。业报、阴聚等"法"，却说它是有。而第二六二经说须陀洹得法眼净的时候，谓：

> 不复见我，唯见正法。

很明显的，在圣者体验所得的境界中，是"我无法有"的。释尊又曾说过：

> 见苦则不见于我，若见于我则不见苦。

从各方面看来，"我无法有"，可说是释尊说法的基本方式。问题是在："我无"，所无的是什么样的我？"法有"，是怎样的有？假有或实有？这在各家各派，虽作了种种的解释，但"我无法有"，总是可以代表佛法与外道不共的特色。

这，应一说"我"的意义。印度当时一般人，都认为我是一种常恒、自在者。这里的两个主要命题，是"命与身一"、"命与身异"。命是生命，就是我；身是以根身为中心的一切能所和合的活动。简单说，命与身就是我与五蕴（或六处）。有的外道，主张命与身是一，谓我就是法，法就是我，法是自我活动的表现，佛教就叫它"即蕴计我"。另有外道，主张命与身异，在五蕴身心之外，别执一个形而上的我，就是所谓"离蕴计我"。自我的基本主张，不外这两种。

因自我而执身命一异，虽是完全虚妄；但有情与身心，为一切中心，在佛法中是要建立的。扩大的观点，命与身，就是我与世间或我与宇宙的问题。我，不单是自己，而是一一有情。对有情而存在的，就是世间。这"世间"，可以包括根身与境界；我则单是身心相续的生命。如上面引的《杂阿含》二七三经，问"云何为我"，答复时谓以六处为本的身心活动叫我。这样，好像我的范围比世间狭了些。不过《杂阿含》二三〇经约六处来安立世间；第三七经又谓："色（五蕴）无常苦变易法，是名世间世间法"，另约五蕴来安立世间法。以有情为本的蕴、处出发，以此安立我（有情），同时也以此安立法。这样，我与世间毕竟是不相离而相等的了。不但如此，即一切法，照《杂阿含》三二一经"眼及色……是名为一切法"的意义看来，也还是安立在（外有所对境界，内有身心活动的）有情中心上的，也是不能离开有情去谈一切法的。总之，命与身、我与世间、我与一切法，都是以有情为中心而说到一切。我们对佛法以有情为中心的意义，必须时时把握住，才能对后代的诤论彻底了解。

从有情因缘业果相续言，如佛说：我以天眼观见某人生天，某人堕地狱；或说过去顶生王就是我等等。不要以为佛说无我就无个性，须知在因果系统相续不断的流变中，此彼生命之间，有其相对的独立性。各个生命的特性，不但有，而且是被坚强地保留下来。这是因果相续，所谓"无常无恒变易之我"。有如长江大河，其最后或汇归到大海而无别，但在中流，确是保留着它的不同。——有情也是同样的,在因果相续流中,有其相对独立的因果系。就在这意义上,安立各各有情的差别;也在这意义上,安立自作业自受报的理论。假使一概抹杀地否认它,则是毁坏世间。所以,这无常相续的假名我,是可以有的(释尊说的顶生王是我之我,就是这种我);可是绝不容许在因果相续之外去另加执著。

一切法,有情中心的一切,必须建立缘起的存在,可说假名我、法俱有。而从颠倒妄执去看,这才我无法有,甚至我法皆无。要知道,佛法处处说无我,所无的我,其意义与假名我是不同的。众生在相续不断的因果系中,执有一个自在的我;这我,向内执为自体,安立为自在者,就是我。对外,有自在者,必有所自在支配控制的,就是我所。我我所的烦恼根本是萨迦耶见;有萨迦耶见,必然就有内包的我与外延的我所两方面的计执。所以佛说:萨迦耶见是生死的根本。

萨迦耶见使众生下意识或本能的,自觉到自生命相续中有一常恒不变的自在者,这是我见。它不用分别推理来成立,就在日常生活中有意无意间存在着,总觉得好像应该有这么一个自在者。有了我见,向外发展,就自然生起了我所见。这种我我所见,是自我见(萨迦耶见)的两面。佛法无此,而对之建立起"我无法有"说。

我见与我所见,可说完全没有固定性的范围。先从大看到小,众生最初先觉到外在世间的名位、产业及家庭,是属于"我所"有的;内在五蕴、六处和合的身心报体,是能有的"我"。如《杂阿含》第四五经云:

若诸沙门、婆罗门见有我者，一切皆于此五受阴见我。

这以五蕴为我。《杂阿含》三〇六经云：

如是说：我眼见色，……我意识法，……此等法名为人。

这以六处为我。他们都是以这身心综合的生命体（蕴、处），是有其自在主宰性的。如果退一步觉察到肉体诸根的变坏不可靠，尤其是承认生死轮回的人、肉体，明明是随着某一生命阶段的结束而结束，不能说"我"，是限在这一生死的阶段上"我所"有的躯壳；真正的"我"，该是属于精神的受、想、行、识。《杂阿含》云："心识转于车。"这正是说只有精神心识，才是轮回生死的主体——我。这样，我是缩小一圈了。若再退一步，还可以发现受、想、行、识这些精神活动，还是时时刻刻在客观环境的压迫下改变，不能自由，不够常恒，不够自在，不该就是我。于是又将我缩小，退出了五蕴，在现实的身心世界以外去建立一个形而上的我（离蕴我）；而现实身心世界，只是我所活动的舞台，我所支配、我所享受的对象，是我所而非我。又反转来，从小看到大：先觉得"我"似乎与精神特别有关，"我"虽不就是一般的意识（意识是不自在的），但我总是属于能边的，与精神活动性质最相近。那么，就应该是精神背后的本体，这本体应不会离开精神活动而存在。这样，我从离蕴走进非色四蕴。再进一步，"我"不应该太空虚了，应是具体的，于是见这身心综合体（五蕴）就是我的体相；这又进到即蕴我了。再推而至于觉得一切外境无不是我的具体的开显表现；不说古来泛我、遍我的哲学，就是常人生活间也每每有这种意识的表露，如身外的名位财产被侮辱侵夺时，必控告之曰："他侮辱我"，"他侵夺我"。这样我又扩大到一切上，几乎是没有我所了。但这我我所，不管范围谁大谁小，总是在自他相待的关系上安立的；扩大了，我可与身心或世界合一，包容了一切法；缩小了，我可以退出身心世界一切万有而单独存在。我我所，遍及到一切的一切，这一切也就无往而不加以否定了。这与上面所说的"身与命一"、"身与命异"二见的意义，是完全相合的。这是"我"的两点根本命题，只要认为有我，都不出这两种看法，所以契经中说这二见是诸见（六十二见）的根本。印证到宗教上，有的宗教家说：上帝是超越宇宙万有而存在的。佛法看，上帝是"我"的扩大；那么，这就是"命与身异"，"离蕴计我"。另一类宗教家说：上帝是充满一切的，现实的宇宙万有，是上帝具体的表现；这是"命与身一"，"即蕴计我"了。这在哲学上，则叫做超越神论与泛神论。总之，这二见，是以我我所见为根本，演进即成我与世间，我与一切法。这自他、内外、能所的关系，或以为即，或以为离，便成为"身与命一"、"身与命异"的二见，乃至于六十二见、一切邪见。追根结柢说：一切邪见皆出自二见，二见是建立在自他、内外、能所对待关涉的我我所见上，我我所见的根本是执有常恒不变自在者的萨迦耶见。所以一切邪见执著，都是建立在"我"执上的。

　　在这里，我们应该认识："我无法有"，确是佛法的根本义，释尊确不曾开口就谈一切法空。一切执著（法执当然也在内），都是建立在我执的根本上的；"无我"，就可以无我所，就可以无一切执；不谈法空，而一切法的常恒自在的实有性必然是冰消瓦解，不能存余。那么，这"法有"当然是别有意义了。释尊的教授重在无我,在这意义下,只要彻底体证无我,则不一定说法空,岂不同样可以得到解脱生死的效果吗?

所以,"我无法有",可说我与法即表示两种性质:一、因缘有,它存在于因缘和合的关系上,合着因果法则的必然性,所以说"法有"。二、妄执有,本来没有,纯由认识的妄执而存在;这有,就是我。本来无我,由于萨迦耶见的惯习力,在法上现起常恒实有的错乱相,主观地认定它是实有。若把萨迦耶见打破,我就根本没有,所以说"我无"。佛法中不问大小空有,共同都说有这因缘有与妄执有的两方面。如唯识家的依他起与遍计执,中观家的缘起有与自性有。这,都出自根本佛教"我无法有"的根本命题。我无法有,在根本佛教的立场看,它是正确地指出一切有是缘起的存在;在这缘有上附增的一切妄执,都是建立在我执上,都可以而且必须由无我而否定它。

现在一论我与法的关系。从上面,已可知我法的关涉,一切以有情为中心。但我们每以为:既我是无而法可以有,我与法似乎是两回事。其实,在佛法上,二者有着密切的关联,是不可分割的。第一、从流转面说,以我故有法:上文引过《杂阿含》五七经所说的:"凡夫于色见是我,若见我者是名为行。"执此色为我,即可由此执而使其流演相续下去;所以一切法都是存在于妄我上的。从还灭面说,我无则法灭:一切法存在于我的妄执上,假使我的妄执遣除了,如声闻圣者证得"我生已尽,梵行已立,不受后有"的时候,抽去我执而得涅槃,法也是同样的归乎寂灭。第二、从流转面说,因法而计我:必须由身心和合的五蕴、六处法(乃至由蕴处所演绎的一切法)为计著的对象,我执才能够生起。上文说过,"我不离于蕴",离开了蕴、处诸法,无所著境,我我所见当然不会凭空生起(有法不必皆计我,如圣者见法而不计我;计执与否,全以萨迦耶见的有无而决定。但有我必定有法,却是无异议的)。还灭言之,法空我乃息;有学圣者,以智慧观察我不可得,断了我见,但我慢还是要生起;必须要体验到涅槃无相寂灭的境地,才能彻底断我慢,证无学而不受后有。《成实论》云:"灰聚不灭,树想还生。"即是说:不能真见法不可得,我见还是要现起的。总之,我与法,一是妄执存在的无,一是因缘和聚的有,无始来就相互交涉:流转则因我执法,缘法计我;还灭则我断而后法寂,法空而后我息。约缘起,则我法俱有;约自性妄执,则我法俱无。由于诸见以我为本,所以偏说"我无法有"。若一定在理论上把二者严格分开去说有说无,不一定合乎佛的本意!

现在引几个经来总结一下。《杂阿含》二九七(大空)经云:

> 若有问言:彼谁老死?老死属谁?彼则答言:我即老死,今老死属我,老死是我所。言命即是身,或言命异身异,此则一义。……是名大空法经。

在十二缘起中,老死代表了整个生命流。经文从我与老死的相关上问:是我即老死(命身一)?还是老死属我(命身异)?以缘起说,不但老死之我没有,即我之老死也不可得;于是离我我所见。后代很多学派,都引此经以证明佛说缘起法空。又如一些经中常说:比丘得解脱涅槃时,外道问佛:涅槃了,"我"还去后世受生没有?佛陀置之无记,因为根本就没有"我",还谈什么

后世受生不受生！可是,这意义也有放到色等蕴上明其生与不生皆不然的,如《杂阿含》九六二经谓:

> 如是等解脱比丘,生者不然,不生亦不然。

又有些经中说:圣弟子们入无余依涅槃,魔王于其舍利中寻识,了不可得,终不见其往东西南北四维上下而去。同样的,也可在色等蕴上说的。如《杂阿含》第九六二经说:

> 色已断,已知,受、想、行、识已断,已知,断其根本,如截多罗树头,无复生分,于未来世永不复起;若至东方南西北方,是则不然。甚深广大,无量无数,永灭。

又经中拿如木生火譬喻我,同时却也反用以譬喻五蕴的寂灭无所从去。从这各种经文看来,根本佛教虽以"我无法有"为基本论题,但在涅槃寂灭上,给予二者的看法是同样的,平等平等,无有差别。

我空法有的问题,说到这里为止,暂不作其他结论。

第三节　空之行践

第一项　空与禅

上面说的从空诸行以观无常、无我,是所观境空;由观无常、无我而得涅槃,是所证果空,这境与果之间的连贯,就是实行。与空相关的行持有定与慧两种。体证空性的慧,虽如《杂阿含》

三四七经所说,可以不依四禅、八定便能悟入而得解脱的,但空慧的发生多少要依于禅定,这是大家一致的说法。至少须有最低的定力,如欲界的电喻三昧,或者说初禅近分的未到定,方可发慧证空。同时,禅必定离欲,也与空同样的有所离,有所否定,而可称之为空的;所以禅与空有关。

《杂阿含经》中虽也常见佛陀指示弟子要精进禅思,但究竟如何是禅? 如何修? 除了四禅以外,其详细情形说到的很少。所以单依《杂阿含》,对于禅定是不易得到明确的观念。至于《中阿含》,处处说禅定。《中阿含》以对治为重心,故除持戒外,以禅定说得最多。对于禅定,虽《杂阿含》与《中阿含》都还是以慧说定、据定明慧的,但也可看到二者精神的不同:《杂阿含》中,如空三昧、无相三昧、无所有三昧、真实禅等,都处处散说,重在真慧的体悟上,并且是相互融通的。《中阿含》已为组织的说明,多论四禅、八定或九次第定,重在修行次第,重在禅定的渐离上,彼此间也多是差别的。这两者精神的不同,对后代有很大的影响。如大乘经中的种种深定,是继承《杂阿含》定慧综合的风格;另一方面,如小乘萨婆多部他们,分别定慧,忽略了真慧的禅定次第化,说定则专在四禅、八定上去详细分析。

又须说明者,佛世的修行方法,平易、简单,观察空、无我义,由一最低的定力引发真慧,断烦恼而得解脱。不过弟子们根性不同,有的一修即得,有的须经各种次第;修时的下手处、得力处、注意处,彼此有异;由这种关系,佛弟子之间对于禅定就有所议论。如无想心定,是阿难尊者所常说的法门。有一比丘想不自请问而从旁听闻,跟随了阿难六年之久,还得不到机会,结果只得自己请问；可见这种定在当时虽可以是行者共证，但还不是普遍共知或公认的。又如那伽达多以四种三昧请问质多长者，长者未解说前，先问明这是否佛说过的，这也可见四种定之名称，不是世尊常说的。又灭尽定与无想之差别，《杂阿含》中迦摩比丘答质多长者，及《中阿含》法乐比丘尼与拘绨那，都在辩论它的同异。而由灭尽定力，将来报得生天，是有色无色，甚至舍利弗与优陀夷大大地诤论起来。可见禅定与诸弟子自己修行所得的体验有密切关系。只是禅定中身心的经验，大体是可以共同的，所以后代的弟子们依之建立一种共认的次第组织。

在佛弟子中，又可以举两个重要人物来谈谈。一、须菩提，《杂阿含》中没有他的名字；《中阿含》则说他观"此行真实空"，观空第一、无诤三昧第一；到《增一阿含》是更多见。在大乘经如《般若》等，他已经是一个非常重要的人物了；他与东方的学派有关。二、离婆多，同样的在《杂阿含》中无；到《中阿含》（译作离伐多，或离越）才有，说他是坐禅第一。实则，他是佛灭百年时七百结集中的西方领袖。《瑜伽师地论·本事分》修所成地，说佛为颉利伐多说四种所缘，就是此人。很明显的，他影响西北方的一切有系重禅学者，乃至影响到以禅为中心而组织起全部佛教的大乘瑜伽学者。所以，禅定由佛弟子们修证体验所得，依之而组织成为佛教中一种严密体系的；它关系到后代的学派，也促成了后代三界说组识的完成。

这里顺便谈谈由修定得观慧通达正理得解脱。一切有系谓依四禅、三无色定，可以发无漏慧；而于四禅、三无色定的本身，纯从世俗立场去看它；这是定与慧的差别论。在经中也可看出，佛说禅定,不是单为禅定而禅定。如四无色定,是依定中观察如病、如痈、如刺、如杀、无常、无我、可厌患而证得。有部等,说依定中可以发慧通达真理证得解脱,定的本身不是慧,定境也不是解脱。如大众分别说系,则是多少能把握空慧的次第禅定化,所以他们立灭尽无为,或立四无色无为,或立第四禅的不动无为;这"无为"固然不是究竟解脱,然有寂然不动的境界。如灭尽定,有部谓是三果以上圣者为止息受想等心的烦乱而修的,把它看为纯粹的禅定;而大众分别说系等(《成实论》也是兼取大众分别说之义的),则谓灭定也就是烦恼灭,是第八解脱;到大乘经,如《华严十地经》,则说此定是七地菩萨证入诸法甚深空理的定,这也是把禅定与空慧结合成一的。修定可以通达真理得解脱,大家是共同的;不过,有的在定慧差别的立场说,有的在定慧综合的立场说,影响大小学派的思想分流。

第二项　空・无相・无所有

《中阿含》特重在禅的修行次第上,虽也谈到空、无相、无所有,不若《杂阿含》之注重在所观义上,所以留待下面再去说它。

《杂阿含》讲的修行方法,多为观无常苦,不限于空、无相、无所有。但以空义明常恒我我所之无所有,最后的体验诸法真实,与空义有密切关系。《杂阿含经》第八〇经说:

> 若得空已,能起无相、无所有,离慢知见者,斯有是处。

这说:能见无相、无所有,知见清净而得解脱,必须以空义为根本。固然也有经说空观不究竟,但以空为前提而入三昧,更深刻地体验真理，最后还是会归于空。在佛经中，无相、无所有、无所得、无著、无住等名辞，意义都可以通用；但空字含义最广，用之于实行的地方很多，故多以之为前提，且为归结所在。空、无相、无所有的三个名辞，究竟是一义？是别义？经中有时说有共同点，有时又说它有次第深浅的不同。质多长者答那伽达多，谓可通二面：可说是文异义异，也可说是文异义同。如空、无相、无愿三解脱门究竟是同是异？《杂阿含》中没有明白说明；《中阿含》说是异的；后来的大乘经则解说为同的。我以为：这些定，最初下手的方法或者彼此不同，最后所得的境界实可归于一致。而且是随义立名，有时彼此的名称也可以互相通用；所以经中有时说同，有时说异。不如此看，经中文义的多少出入，就无法了解。

现在将空、无相、无所有三种三昧，个别地解释一下。一、空三昧。《杂阿含》二三六经这样记载着：

> 舍利弗白佛言：世尊！我今于林中入空三昧禅住。佛告舍利弗：善哉！善哉！舍利弗！汝今入上座禅住而坐禅。

佛赞叹空三昧是高级的上座禅。至于空三昧如何修法，则未见开示，不过佛从另一方面说：

> 若入城时，若行乞食时，若出城时，……若眼识于色有爱念染著者，彼比丘为断恶不善故，当勤欲方便，堪能系念修学。……若于道路，若聚落中行乞食，若出聚落，于其中间，眼识于色无有爱念染著者，彼比丘愿以此喜乐善根，日夜精勤，系念修习。

在行、住、衣、食之间，住空三昧中，时时反省观察自心，是不是生起惑染贪著，有则观察空义对治它，无则心安乐住。这样常修空三昧，以达一切清净。所以，空有两方面的意义：一、专在义理上说，是体验无我我所。二、在行为上说，则是于见色闻声中不为境界所系缚，离欲清净，这是空三昧的特色。不体验无我我所，固然不能解脱；但在日常生活行动中，心不为环境所缚而流散驰求，安住不动，确是佛法的一种重要目的。离欲清净，不因环境而引起痛苦，就是空义。所以在《义品》中佛答摩犍提外道说："空于五欲"；而摩诃迦旃延在《杂阿含》五五一经解说为：

> 于此五欲功德，离贪、离欲、离爱、离念、离渴，是名
> 空欲。

又如摩诃迦叶修头陀行，处处不为五欲所转，释尊赞叹他为"如空不著"。《杂阿含》所说的空义，都重在这离欲无系的空的实际修持上说；至于空理的观察，反而说得少。佛赞舍利弗的入空三昧为上座禅，在《增一阿含》也有这同样的缘起，但它的侧重点就不同了。如该经卷四一第六经，佛说：

> 空三昧者，于诸三昧最为第一三昧。王三昧者，空三
> 昧是。

上座禅的空三昧，赞为最高的三昧之王（后来大般若的佛入三昧王三昧，即出此）。为什么呢？于空三昧中，观察无我我所；一切诸行是不真实、不常恒空，因空故不起著于相，就是无相三昧；无相故于未来生死相续，无所爱染愿求，就是无愿三昧。空

三昧中具足了无相、无愿三昧,所以是王三昧。这偏重在观察空义上,与《杂阿含》各说明了一边。

二、无相心三昧。无相三昧与空三昧略有不同。《杂阿含》中的修行过程,是由厌患不为境缚,而离欲证解脱。空三昧重在对外界不染,是情意的厌离。厌患离欲,本即可以不取相;不过有的人特别喜欢取著于相,为对治它,而说这无相心三昧。这无相定在所识的一一法,以破坏遣除其相,欲色一切相都遣离不取;因为不取,可以达到离欲证解脱。《杂阿含》五五九经,有一比丘问阿难:如何对外境法不起所缘相? 阿难答他有两种:一、有想不觉知,修的是有想定,只因定力强,不起觉知。二、无想不觉知,不取外所缘相,且连内心的能缘想念也不生起,这是无心定。阿难为诸比丘尼说(《杂阿含》五五七经):

　　若无相心三昧,……是智果智功德。

在定境中,这是比较深刻的,须有真实慧厌患离欲,观察无常无我者,方可获得,不是外道专门修定者所能得到。

《杂阿含》二七二经,佛陀曾为对治一般比丘的贪欲嗔恚亲里等恶觉恶想,而起诤竞故,为说无相定:

　　于四念处系心,住无相三昧,修习多修习,恶不善法从是而灭,无余永尽。……多闻圣弟子作是思惟:世间颇有一法可取而无罪过者! 思惟已,都不见一法可取而无罪过者。我若取色,即有罪过;若取受想行识,则有罪过。作是知已,于诸世间则无所取,无所取者,自觉涅槃。

观察世间一切法,不见有一法是真实可取的;取,就有烦恼不清净——罪过。经中说:就是善法功德,也如热金丸,好看,还是取不得,何况五欲染污法呢!"法尚应舍,何况非法",就是这个道理。如是观色等相不可取,能取心亦不起,就能自觉涅槃。无相心三昧,是在一切上不著,与大乘空最近;如《般若经》的无所受三昧,即此无相三昧的深化。总之,于一切相不著,不念一切相,念无相界(涅槃),就是这无相三昧。这三昧,在《杂阿含》常常谈到的,如:

> 无所取故无所著,无所著故自觉涅槃。

这,在三三、三四、二二六、二二七等经中都同样说到,实为佛教比丘现证涅槃寂灭的无上境地。就是佛教迦旃延所修的真实禅,也是此无相心三昧的别名。大梵天王遍寻不得,因为不知他禅心所依的境界。在中国,大耳三藏以他心通知道忠国师内心的所缘,忠国师另入深禅,不住一切相,他心通也就观察不到。这些所修的都是无相心三昧。佛说这无相心三昧,是不依地水火风,不依受想行识,遣其能相所相,入真实禅而见真实。但如何遣相呢?这要观察一切法唯是名言,没有实性,假名无实故,即能于法不起所缘相,进而能缘心想也不可得,就得入此三昧。空义,在空三昧中不明显,而这无相三昧中却明白可见。《杂阿含》五五九经说:

> 一切想不忆念,无想心三昧身作证具足住。

这经先说四禅及前三无色定是有相行定,在无所有定之上说这无相心三昧是无想行定（地位与非想非非想定相当），是一切定的最高深的，是无漏智所得的。这直证涅槃空寂的深禅，是契入无相界的。

三、无所有三昧。这三昧在《杂阿含》中有两个地方提到，但都没有单独的说明。《中阿含》则说它就是无所有处定。《杂阿含》虽对这三昧没有详尽明确的解说，不过古来说"三三昧"，都提到它的名字，似与三解脱门中的无愿三昧有关。

现在将三种三昧作综合的观察：《杂阿含》八〇经（《胜法印知见清净经》）佛告阿难说：

> 若得空已，能起无相、无所有，离慢知见者，斯有是处。
>
> 观察彼阴无常磨灭不坚固变易法，心乐清净解脱，是名为空。如是观者，亦不能离慢，知见清净。
>
> 复有正思惟三昧，观色相断，声香味触法相断，是名无相。如是观者，犹未离慢，知见清净。
>
> 复有正思惟三昧，观察贪相断，嗔恚相断，是名无所有。
>
> 如是观者，犹未离慢，知见清净。

此经对三种三昧，有不同的看法。空三昧是由观无常义，不起染著，心得清净解脱——心厌有漏杂染，而倾向于离染的清净解脱。这空定的境界并不很高，近于平常所谓"看得破"，只是心不外驰而求清净解脱而已。无相三昧，是断除色、声、香、味、触、法六尘相的定。没有贪、嗔、痴三毒烦恼，叫做无所有三昧。三者有其浅深次第：以空三昧的不随境转为基础；进而无相三昧不见外六尘境；最后则无所有三昧内心的欲贪等不生起。这都还不是彻底的断除，只是由定力的执持，在定境中暂伏，外不见六尘、内不起三毒而已。所以都还"不能离慢，知见清净"。要知见清净，必须另起增上，修习以无我为出发的三昧。经云：

> 复有正思惟三昧，观察我我所从何而生？从若见若闻若嗅若尝若触若识而生。……若因若缘而生识者，彼因彼缘皆悉无常，……彼所生识云何有常？无常者，是有为行，从缘起，是患法、灭法、离欲法、断知法。是名圣法印知见清净。

由此可见到：在定境中不受外境所系的暂时过程，还不是究竟；必须要彻底地遣除我我所，通达无自性之法法归灭，见灭法不可量，平等寂静不可得，即见到了涅槃寂灭理，才能离我慢而得知见清净。

见灭而得无我，因此而得解脱，也见于《杂阿含》一二六六经。如云：

> 于眼眼识及色，……见灭知灭；故见眼眼识及色，非我，不异我，不相在。

空等三三昧是不够的，必须要体证到法法归灭，不可得，才能我慢毕竟断，得真正的知见清净。所以，"空、无相、无愿"三者叫做"解脱门"，它是解脱之门，本身尚未究竟，必须进一步体知我我所之为因缘假合，无常不可得而否定之，始能达到解脱。空，在这里是最前面的基本，而最后归结所证达的也还是它（终归于空）。此《圣法印经》有两种异译本，西晋竺法护译的意义与

《杂含》同;赵宋施护译的则已改为修行三解脱门的次第;但同谓此三三昧还有慢在,未得究竟。故以空为出发,经无相、无所有(或无愿),再观无我我所而涅槃寂灭;这过程是完全一致的。此空、无相、无所有三三昧,与三解脱门的关系,也更可显见其合一。此经名"圣法印",《杂阿含》虽处处说到无常、无我等义,但并未名之曰法印;这要到《增一阿含》才见明说。那么这经的"法印",究竟是什么? 不是三法印或四法印,应该是证入解脱涅槃之门的三解脱门。

在《杂阿含》五六七经中,质多罗长者答那伽达多所问,除空、无相、无所有三三昧外,又加一无量心三昧。后代说四无量心定,纯是世俗的,不能体验真理;但此经所说的无量,与三三昧也有同义,同以无烦恼来建立(有烦恼是有相、有量、有所有;无烦恼是无相、无量、无所有)。特在空三昧上加遣常恒性不可得空。同在离烦恼证真理上说明,与后代所说的三解脱门同缘实相的意义相同。

此空、无相、无所有三个名辞,含义也还可以说有不同,这与《中阿含》所说的相近,我们留待次一项来讨论它。

第三项　空义之次第禅定化

这是以《中阿含》的思想为对象而观察空义的。先拿《小空经》说。经中,佛在鹿子母讲堂,给阿难举个譬喻:如说鹿子母讲堂空,是说堂中空无牛羊,并不是说连讲堂也没有。而后合法说:

> 若此中无者,以此故我见是空;若此有余者,我见真实

有。阿难！是谓行真实空不颠倒也（玄奘译作"彼则是空，此实是有"）。

经文的意思说：要不颠倒地认识真实空，不但空其所空，还要有其所有，把握那不空的。在此法上（有），遣离于彼（空），叫做空，不是此法也没有；这才叫做善取空相。后来的大乘瑜伽学者（重于禅定的），就强调这思想：谓依他圆成本身不空，依圆上的遍计所执空，所以说依他圆成空。如果纯粹以这思想来判断，中观家所说的空义就不能成立，堕于恶取空中。不过，《中阿含》的本义，是在禅观的遣离次第上安立的；那种渐离渐净的方法，在《楞伽经》的七种空中，是最低下而应该离去的。它既不是说明法空深理，在抉择空义上，似乎不应该引用《小空经》的定义。《小空经》遣离的次第是这样：第一：

> 空于村想，空于人（人群杂闹）想；然有不空，唯一无事（阿兰若处）想。

村落人群空，寄心于僻静的阿兰若处，作阿兰若处之想，阿兰若处不空；这是一空一不空。其次：

> 空于人想，空无事（阿兰若）想；然有不空，唯一地想。

阿兰若还有小屋；兰若外还有丛林荆棘、猛兽毒蛇等，这不应该思惟，还须空去；寄心于一地平如掌无诸杂秽的清净地，此地想不空。又是一空一不空。再进一步，观察地想亦空，只有无量空处不空。又进观察如虚空相之空处亦空，只有无量识处不空。如是乃至"无所有处"也空，而这"无想定心"不空。更进一步，观察这无想心三昧，还是思愿所成，有为无常的，于是引发无漏慧。如经云：

> 空欲漏，空有漏，空无明漏；然有不空，唯此我身六处命存。

最后还是一空一不空。这经有很多启发处。四无色处，并非说天上，是约定境说的。这定境最先离村落人群，空去有情世间；其次对器世间起清净想，空其杂秽，后世的净土观应该与此有关；再次超物质（有色界）而系念于虚空；再则舍外境的虚空相，专注系念于内识；进而境相识相不起的无所有；更进，连心识想念也不起。在定境的次第上，从境到心，从有到无；最后空诸有漏烦恼，得大解脱。转过来看，六处的身体还是不空。如将禅境为天境，可说即从人间到天上，从天上转回到人间来，依旧还是一个人，还是照样乞衣乞食维持生存。但已经过一番改变，到底不同了：烦恼不起，无我解脱而教化人间。从此可见：后来佛教所谓的无色界，是在佛弟子的禅定境界上安立的。因佛教共认：修某种定，如不因之得解脱，将来可以感得某种定境的天报。佛弟子们既得此定，若不解脱，死后必定生到报得有这种定境的天上；定境有浅深，所生的天也就组织成四空处的高下次第了。其实，禅定的最重要的意义在于开示我们，于修行过程中、在日常见色闻声中，六根清净不为境界所转而解脱。经中说阿罗汉得"六恒住"；六根门头解脱自在，确是佛弟子的本分事。《杂阿含》说空三昧时，佛也开示舍利弗要于境（色等）无有爱念染著。总之，这《小空经》所说的空，只是在修行过程中摄心渐除于想说的，与我法二空之深义不同。瑜伽学者是以禅定为中心而组织了全部佛法，所以他们特别重视它，以此为真空的定义，这难怪要与中观者相诤。

再说《中阿含》的《大空经》。在一次安居将要解夏的时候，众比丘聚于一堂制迦絺那衣，彼此戏论净竞，佛为令众弟子于日常往来出入语默动静之间，不为境转，六根清净，就说这《大空经》。经中说有四种空：内空，外空，内外空，不移动。这四者，也是有先后次第的。因修行未得相应，则先观内空；又不得相应，则观外空；如是乃至观不移动。再不相应，则修习多修习。一旦相应成功，不但不移动，前三者皆可得成就了。后来的大小经论，都有这四个名字。内空，是观六根，遣除其相而空；外空，是观六尘，遣除其相而空；内外空，即遣除根境综合相而空。如是修习，得到内心安住不动，是"不移动"。本经说：

> 度一切色想，行于外空。

这可见外空、内空等，是超越色想的，与无色界的空无边处定相当。不动，有解说为第四禅，因为到了四禅，不为三灾所动。但依《中阿含》的《大空经》与《净不动道经》看来，不动是合于空无边处定的。单修这些定，没有无漏慧，都还谈不上解脱。

《净不动道经》所说有四种定：不动，无所有，无相，解脱。与空义相关更切，而是更有意义的。

一、净不动道，经说：

> 若现世欲及后世欲，若现世色及后世色，彼一切是魔境界。……（如是观"彼一切四大及四大造"，亦复如是）若现

世欲及后世欲,若现世色及后世色,若现世欲想后世欲想,
若现世色想后世色想,彼一切想是无常法,是苦、是灭;彼于
尔时,得不动想。

这观欲观色皆是无常苦而超脱之,甚至连后世之欲色想也超脱
了;离欲离色,与无色界的空无边处定同。

二、净无所有道,经说:

及不动想,彼一切想是无常法,是苦、是灭,彼于尔时得
无所有处。……空于神、神所有,空有常,空有恒,空长存,
空不变易。……我非为他而有所为,亦非自为而有所为。

这与无色界的无所有处定同。但分析其内容,觉得它包含三解
脱门思想在内。观欲色相,欲色想,不动想无所有,是无相的;观
常恒我我所的不可得,是空的;观不为自不为他而有所作为,是
无作(无愿)的。虽包含三义,但特重在无所作为,所以称之为
无所有道。

三、净无想道,经说:

及无所有处想,彼一切想是无常法,是苦、是灭;彼于尔
时,而得无想。

这即无色界的非想非非想处定,重心在不起想念。佛教通常说
的无想有两种:一在无色界的第四定,叫非想非非想定。一在色
界最高处(除五净居),是外道住的无想天。不过,这两种分别
为《杂阿含》所无,出于《中阿含·大缘经》与《长阿含·大本缘
经》。校勘巴利藏的《中阿含》并没有这《大缘经》,《长阿含》才

有;这可见是比较更后起的。从《中阿含》各处看,无想都在无色界的无所有定之上,与非想非非想定的性质相当。这里的无想道,就是一个实例。所以,从不动而无所有,而无想,只缺一个识无边处定,其余的次第,全与无色界定的次第符合。

四、解脱,经说:

> 无所有处想,无想想,彼一切想是无常法,是苦、是灭;
> 是谓自己有;若自己有者,是生、是老、是病、是死。阿难!
> 若有此法一切尽灭无余不复有者,彼则无生、无老病
> 死。……如是见必得解脱。

本经对前三道的说明,是:

> 或以慧为解,彼于后时身坏命终,因本意故,必至彼处。

这说修前三种道,如果不能得无漏智现生解脱,可由“本意”生于彼三种天。前三道是立足在禅上,于是就建立起无色定的层次组织了。在三道以上,再建立解脱。拿这经的三种定与《杂阿含》五六七经所说的三种定比较一下,名义是大致相同的。净不动道与空三昧同,净无所有道与无所有三昧同,净无想道与无相心三昧同。但《杂阿含》由观无常苦厌离,而外无六尘相,内无贪嗔痴所有,而得解脱;从空而无相而无所有的次第,完全是建立在观慧的所观义上,并不以此为浅深的无色定。但《中阿含》不动道同空三昧,而将无想与无所有倒置过来,这才与四无色定的次第完全吻合。很明显的,佛教所说观空的禅定,在演变中,渐次地与三界的次第符合。所以我敢说:三界中无色界的

次第,全是后代佛弟子们修定的过程,在"身坏命终,因本意故,必至彼处"的理论下,组织安立成功的。

　　现在,先将《杂》《中》二阿含中关于禅定次第的说法,表列如下:

经名										
杂五六七经	初禅	二禅	三禅	四禅	空处	识处	无所有处	无想心定		
中支离弥梨经	初禅	二禅	三禅	四禅				无想心定		
杂四八五经	初禅	二禅	三禅	四禅	空处	识处	无所有处	非非想处	想受灭	
中一切智经					不动定		无所有定	无想定	想知灭定	
杂四五六经		光界	净界		空处界	识处界	无所有处界	非非想处界		灭界
中净不动道经					不动		无所有	无想心定		解脱
中小空经	村人地				空处	识处	无所有处	无想处		解脱
杂四七四经	初禅	二禅	三禅	四禅	空处	识处	无所有处	非非想处	灭尽定	解脱
中真人经	初禅	二禅	三禅	四禅	空处	识处	无所有处	无想处	想知灭	解脱
中大因经	内有色观色内无色观色		净解脱		空处	识处	无所有处	非非想处	想知灭	解脱

续　表

中大空经				内空·外空·内外空·不动				
中第一得经		内有色想外观色多，外观色少。内无色想外观色多，外观色少。	青黄赤白					
中第一得经		地水火风	青黄赤白	空处	识处			

　　世尊以四禅为正定,《杂阿含经》有明文。以空、无相、无所有三三昧的无色化,组成三界次第,这是显然无疑的。《杂阿含》四五六经的光界、净界,与二禅(少光、无量光、光音)、三禅(少净、无量净、遍净)相当。光界是定中生光而见色,《中阿含经》中阿那律对此特为着重。净界,成实论主解作空观,不如一切有部的观清净色为是。八解脱的前三解脱,八胜处与十遍处中的前八遍处,都只是光中见色与净色的禅定。称叹世尊的妙法时,常说"天、魔、梵"所不及,这本是婆罗门教的世界观。天是不脱生死的欲天;魔是生死的统治者;再进就是婆罗门教的梵我界了。佛教认为梵也未脱生死,是修四无量而到达的。外道的梵,本称叹为光、为净,佛教也就组为前三禅;除了无量心三昧

（下、中、上三品）的修证外，与光中见色及净色观的禅定相合。佛法也常叹三禅为乐之极点，但"圣说能舍"，虽三禅中都有解脱的可能（《杂阿含》中叹四无量心中可得解脱），而佛陀与圣者的一切功德，主要是在第四禅中开发的。与解脱相应的第四禅，"除断苦乐，忧苦先灭，不苦不乐，舍念清净"，为佛教目标所在，大概是第一期的思想了。

以空、无相、无所有三三昧的熏修，其未能引发无漏即生解脱者，理应生于此空、无相、无所有处；无色界的组织，因此成立。空处以上有识处，这是定心空外境而存内心，也就是境空心有的过程，与十遍处、四空处、识处的次第相合。境空心有，进而不念境空，不念心有，即是无所有；等到心境并寂，即是无相心定。瑜伽者的禅观过程，显然与四无色的次第相合。《杂阿含》空、无相、无所有的次第，《中阿含》转而为不动、无所有、无想，实有深切注意的必要。《杂阿含》五六七经、《中阿含·支离弥梨经》，仅立一无相心定，这是第二期佛教者的目标了。但此无相心定，如《杂阿含》四八五经、《中阿含·一切智经》，开为无想定（非想非非想处）与灭受想定二者；《杂阿含》四五六经，开为非想非非想界与灭界，《中阿含·净不动道经》《小空经》，开为非想非非想处（无想处）及解脱二者；而《杂阿含》四七四经、《中阿含·真人经》、《大因经》（巴利藏见《长部》），又开为非想非非想、灭受想定及解脱三者。到此，无相心定，不再说它是智果智功德，被视为有念与出定计我了。空观的化为四无色次第，岂不是显然可见的吗！

阿含之空义，姑止于此。

第三章　阿毗昙之空

第一节　总　说

第一项　学派之分流与毗昙

　　学派分流与毗昙论的发达,我在《印度之佛教》中已有较详尽的说明;现在只将与这里有关的略提一提。

　　释尊灭后百年时的七百结集,佛教开始有学派的分裂;初分为大众与上座二部,形成恒河东西的两大系。到阿恕迦王时,政治中心在华氏城;在迦王的倡护下,佛教就有以此地为中心,出自上座部而折衷两系的分别说系,成为一切有、分别说、大众三系鼎立之势。古传优婆离后律分五部,与阿恕迦王所派的传教师,都与部派的分裂有关。而律分五部中的昙无德、弥沙塞、迦叶遗,与传教大德中摩哂陀等,都是分别说系的。所以虽说是三大系,而当时的分别说系,先就已分有若干小部派了。在西北方的,有说一切有与犊子两系的分裂,形成四大派;也是当时传教师的深入西北迦湿弥罗等,与偏在东面雪山麓的地域不同,有以促成的。

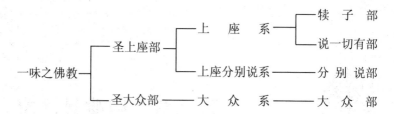

　　所分裂的部派,虽有三系、四派,或十八部、二十部等,但主要的是上座、大众二大系。其中有是上座而倾向于大众的,分别说系就是上座部中最先接受大众思想,予二者以折衷而成立的一大系。犊子系的"我法俱有",本与大众的距离最远,但如补特伽罗及随眠是心不相应等思想,都与大众相近。佛灭三百年间,东方迦湿弥罗有迦旃延尼子造《发智论》;西方即有起而与之相颉颃的经部譬喻师,这又是一个思想倾向大众分别说系的。这些倾向大众的学派,多少有些接近空的思想。而大众系中倾向上座的,反可以主张一切有。所以,大体上可说:大众主空,上座主有;这是上座、大众二大系的分流。其中,大众系及上座中倾向大众的分别说系,承认有杂藏,后来就从之流出摩诃衍藏,所以这上座、大众二大系的分化,也可以说是大乘、小乘分裂的先驱。大众、分别说系的思想,有很多融化在大乘经中;大乘的空,别处将有专章讨论。这里对于大众、分别说系的空义,只就共认为小乘论典中所谈到的,提出来研究。同时,这里只能以论题为中心,指出各派的不同说法,也不能一派派的详叙,不过大概都是分为两大阵营的(不一定是上座与大众的对立)。各派之中,也有着此彼前后的不同,现在也不能多谈,只依现存的典籍,作个大势的鸟瞰。

毗昙，即阿毗达磨，是释尊对"法"的称叹，形容法的精确高深（无比法）。不过，梵文阿毗含有明了抉择的意义，故解说为"分别法"、"抉择法"，成为对于"法"的思辨或直观的意思。佛陀所宣说的是法——达磨，弟子为之解释阐发，演为论典，这论典就通称曰阿毗昙（阿毗达磨）。毗昙一名，本是佛教所共同的，现在专指声闻藏的论典。这中间又有广狭的三种意义：一、只要是佛弟子对法（达磨）的解释，都可叫阿毗昙，所以《大智度论》卷一名论藏曰阿毗昙；那么，《蜫勒》等也可包括于中了。这是广义的。二、有一部分学者特重于论议，如有部的一身六足、大陆分别说系的《舍利弗毗昙》、海南分别说系的七部毗昙等，都是在特重论议之下，发展为一类专以"毗昙"为名的佛典，这是狭义的。三、有更狭的，如一切有部说：只有他们自己才是真正的对法论者（阿毗达磨论者），其他的只可称为分别论者。毗昙几乎成了他们一派的专名，那是更狭的了。中国古代所谓的毗昙宗、《大智度论》三种法门中的毗昙门，都是指狭义说的。

佛弟子们所造的一切论典，我在《印度之佛教》中，把它分为舍利弗毗昙与迦旃延蜫勒两系。

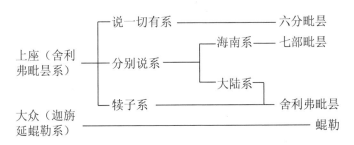

两系的作风不同：毗昙是在《杂阿含》中选出几个论题，如

蕴、处、界、谛、缘起、道支等,对一一法的自相、共相、相摄、相应、相生等,加以深细的分析;以"法"为对象而作繁密的分别,叫阿毗昙。从六足、《发智》到《俱舍》、《正理》等,都是这个作风。鋵勒,依《智度论》说,在印度也是有大部典籍的,只是没有传到中国来。现存大藏中的《四谛论》,引证有"藏论",这即是《鋵勒》("鋵勒",此云箧藏),所以可约略考见它是以四谛为组织的。要约而不事推衍;对一切佛法,最初就有整个的组织。《成实论》的四谛分章,也是这一系的作品。我们现在都把它包括在广义的毗昙中来考察。又,从一切有部分出的经部,不信毗昙为佛说,诵有自称为佛说的摩怛理迦,这是解释经(法)的。但不是逐句注释,是对结集的经典,考察其大纲要义,明教意,通血脉,示宗要,性质与毗昙不同。这也是声闻学者的一种论述,现在也把它包在广义毗昙中。又,《瑜伽师地论》虽说是大乘论典,但其中除《本地分》的"菩萨地"与《抉择分》外,其余各地各分,都是以经部义而折衷于一切有部与分别说系的,不出声闻藏论议的范围,我们还是把它放在这里顺便说明(大乘不共义,别谈)。《发智》等毗昙,有部说是佛说的;摩怛理迦,经部也认为是佛说;这虽有其传承上的某种渊源,以今论之,明白是佛弟子的制作。又,声闻学在印度佛教灭亡之前夕还在流行,大部的制作如《俱舍》、《正理》等,在佛灭千年左右,还有新新不断的产生,这可能要受到大乘的影响。但声闻学者关于空有的基本见解,是早已固定,其思想体系,仍可说是佛之三、四百年前后完成的。所以,我在这里也引述到它。

声闻乘的部派多,论典多,见解也多。以从空到有的意义来

观察,玄奘三藏曾有六宗之判:

一、我法俱有宗——犊子本末五部及说转部(经量本计)

二、法有我无宗——说一切有部

三、法无去来宗——大众分别说系及经量部

四、现通假实宗——说假部

五、俗妄真实宗——说出世部

六、诸法但名宗——一说部

《大智度论》龙树菩萨说:佛灭后,声闻学者有主张我空法有与我法皆空的二种;论中又谈到犊子系的我法皆有。所以我国古代,有判为"我法俱有"、"我空法有"、"我法皆空"的三宗的;奘师的六宗即本此而增立的。因为"法无"的范围大有出入,于是详列为"法无去来"到"诸法但名"的四宗。又《顺正理论》卷五一及《显宗论》卷二六,也有类似的说明:

> 增益论者,说有真实补特伽罗及前诸法(犊子系)。分别论者,唯说有现、及过去世未与果业(饮光部)。刹那论者,唯说有现一刹那中十二处体。假有论者,说现在世所有诸法亦唯假有。都无论者,说一切法都无自性,皆似空花。

只要在这五论中的第一与第二之间,加上说一切有部自己,也是六类,与奘师所分大致从同,不过也互有缺略。如饮光部之分过去业为有无二种,为奘说六宗所不摄的;而奘说的俗妄真实宗,又为《正理》、《显宗》所未论及。声闻学者对"假有"与"都无",是有不同的看法,假有还可以有,都无则一切没有。《婆沙》称都无曰空花外道,意许着大乘性空论者,及接近大乘见的一分声闻学派。

这六宗、三宗、或五论,大致可以总摄一切声闻佛法对空有的看法,大体可以看到一切佛法在向空发展;六宗、五论虽不必当作从有向空发展的过程看,但在空有两极端中向空进展的大趋势,是确然如是的。

第二项　空义之开展

空是释尊根本佛教的要旨,在佛弟子的体验思辨中,天天昌明起来。但从另一观点看,有,也是在天天开发光大之中。空与有,是相对安立的,谈空就必说有。佛法是空有俱说,而且求其相成而不相碍的。只是弟子们在发展中,对空有的含义不同,因有种种学派。释尊的教授教诫本以实际修行为主,不骛空论的,所以没有什么组织的作品。就是佛灭百年七百结集中的诤论,也还在律行;最初支派的分裂——化地、法藏、饮光他们,也还是因律而分化的。这要到有部迦旃延尼子、经部譬喻师,及托始迦旃延的多闻分别部等之后,理论才大大地开发。所以论典的组织,可说是阿恕迦王以后的事情。现在谈空,当然也必说到有,不过不是名相分别的有,只是一种总义,可以说是空有双方开展中的一种要义的观察。

第一目　经说之综集

对释尊各处散说的空义,把它综集起来,这是后代佛弟子们必然要做的工作。且引二论来说:第一,《舍利弗毗昙》卷一六《道品》云:

> 何谓空定？……以我空，我所亦空。……复次，空定，
> 六空：内空，外空，内外空，空空，大空，第一义空。何谓内
> 空？如比丘一切内法若一处内法思惟空……。以何义空？
> 以我空，我所亦空，常空，不变易空（余五例此）。

这六种空，不是释尊一时说的，是从阿含中各处综合来的。如内
空、外空、内外空，出于《中阿含·大空经》。空空，是重三摩地
（空空、无相无相、无愿无愿）的第一种。大空，即是《杂阿含》与
《中阿含·大空经》所说的大空。第一义空，即《胜义空经》所说
的胜义空。虽有六种空，而所以空的道理，同样是"以我空，我
所亦空，常空，不变易空"；只是空的对象不同而已。大空，龙树
《大智度论》说声闻学者解释作十方空，大乘是涅槃空。但在阿
含经中，都还未见其义。

第二，说一切有部的《大毗婆沙论》第八卷（卷一〇四同），
说到十种空：

> 复次，萨迦耶见是十种空近所对治，所以偏说。十种空
> 者，谓内空，外空，内外空，有为空，无为空，散坏空，本性空，
> 无际空，胜义空，空空。

这十种空，《婆沙》引自《施设足论》（传说是迦旃延造），也是综
集各处经中之空义的。内空、外空、内外空、空空、胜义空，这五
种已见上论。有为空，阿含中说到涅槃寂灭时，常谓之"一切有
为法空"。散坏空，是释尊对罗陀的开示，谓散坏五蕴聚相，可
破我我所见（见《杂阿含》）。这是声闻法的要义，即所谓析法
空。本性空，即《杂阿含》二三二经所说空是"此性自尔"的意

义。阿含又说"生死无始,本际不可得",故立名无际空。这二论所说的六种空、十种空,都是将阿含经中各处所说的空综集而成的。即大乘经,如《般若》所说的十八空、二十空,名相繁多,实在都出自阿含,只是略为整理补充而已。

另有一种,是根据《杂阿含》某一段经文,分析其所明的空义,而建立许多的名字。如《瑜伽师地论》所说的七种空,就是明显的例子:

> 此空复有七种:一后际空,二前际空,三中际空,四常空,五我空,六受者空,七作者空。

这是根据《第一义空经》(《杂阿含》三三五经)的空义而立名的。如经说"眼(等诸法)生时无有来处",就安立为前际空。经说诸法"灭时无有去处",就安立为后际空。经说"如是眼(等诸法)不实而生,生已尽灭",现在是刹那不住的,就安立为中际空。经说"空诸行,常恒住不变易法空",就安立为常空。经说"无我我所",就安立为我空。经说"有业报而无作者",只有惑业因缘所感受的如幻生死,没有一个真实有自体的作者我或受者我,就安立为"受者空"、"作者空"。所以,空的名字虽有七个,总不出《第一义空经》,而都是约义立名的。

这空义的综集与安立,还只是形式上的整理或分析,固然有助于空义的开展,但真正的空义开展,还有它理论上的要求。

第二目   理论之要求

我在《唯识学探源》里曾说:部派佛教在解决(业果相续与

记忆保持）严重问题的要求下，细心与种子，成为大家共同发展的趋向，大家都向着这大目标前进。空义也如是，在无我论的开发下，也成了大家共同发展的目标。佛法，依《杂阿含》摩怛理迦（《瑜伽·摄事分》所引）说，有两个最希有的要点，就是佛法之为佛法的特质所在：一曰缘起，一曰无我。缘起业果的倾向种子与细心，无我的倾向于空，确是根本佛教所含蓄而有其必然开展之势的。无我既是佛法的要义，佛弟子自不能不深切注意；对无我的考察开发，理论上必然地要趋向达到于空。空义就这样一天天地发展光大起来。

佛说无我有两方面：一、众生执我，所以自私，无我是化私为公（利他为前提）的道德的根本要则。二、众生执我我所见，所以惑于真理而流转生死；得无我见，就可以打破惑业缠缚而得解脱；所以，无我又是离系得解，自利为归宿的根本原则。空义是无我的开展，所以空义发展的必然性，也可以从这两方面来考察。

一、解脱道必归于空——近人有云：佛法之发扬空义，与解脱生死有必然关系，这话很对。解脱，依声闻教说，是前五蕴灭，后五蕴不再生起相续。所以解脱所得的无余涅槃，经中都说是不生、不住、不可得。"生灭灭已，寂灭为乐"，一切法寂灭无生不可得，这显示了解脱就是归于毕竟空。不过，声闻教中多用"无相"、"寂灭"等字样，如称涅槃为"无相界"等。但"终归于空"与"终归于灭"，归结是相同的；空与无相，也没有严格划然的差别。如无相心三昧，一切有部学者也承认它就是空三摩地。另一方面说，生死解脱，虽只是蕴等法上无人我，但蕴等法若是实有，得无余涅槃后又究竟如何？如是考察，就可以见到一切有为法的实有是成问题的。若说这些法都有实在体性，既有自性，无余涅槃后没有了因果，就应该还是存在。尽管一切有部的三世实有论者说：涅槃时，现在法的作用刹那消灭后归于过去；过去的在过去，未来的住未来，不再生起作用入现在位。这样，一切法还是实有，只是法体恒住，不起作用，相续蕴聚不生就是了。到底这过未实有是难得理解的。尤其是过未无体论者，他们将一切业果都建立在现在；无余涅槃是要消灭现在的惑业果报，泯寂五蕴。在过未无体论者看，现在法无，直等于一切法没有，所以必然有一切尽归于空的要求。若如后代真常论者在一切有为因果后面，建立一个常住不变的实在性，尚有可说；否则，无余涅槃后生死的根本断截了，蕴等诸法直不知其所往，所以经说："不见往东西南北四维上下而去！"这不是空是什么？一切诸法，本是如幻的因果作用，有，只是如幻的有，当体本是不可得的。现在涅槃寂灭，只是截断其如幻因果，还它个本来如是，不是本有今无，有个什么实在的东西被毁灭了。必然要如是承认一切空，才能断除所有的过失与疑惑，在理论上完满地安立起来。不但已无已灭者是空，还要未灭未无的一切法与空相顺不违，所谓诸法当体即空，过未无体者的理论才算达到完满；不然，承认三世实有，还要好些。所以，为要安立解脱涅槃，必然要说空；就是经说缘起，在"此生故彼生，此有故彼有"的流转律后，还要归结到"此灭故彼灭，此无故彼无"———切归空的还灭律。由是可见，一切空在解脱道中是必然的归趣点。

　　二、菩提道有需于空——这里所谓菩提道，不必就是大乘经所说的。从四阿含到声闻学派，都是共同承认有菩提道的，因为

佛是由发菩提心修菩萨行而成的。经论里只要提到菩提道,都吐露出菩萨对于空有特殊意义。《中阿含·小空经》中,佛陀说:

> 阿难!我多行空。

《增一阿含·马王品》云:

> 得空三昧,便成阿耨多罗三藐三菩提。

在这阿含里,就已表示空义与修菩提的关系特别密切。为什么菩萨要多行空,得空三昧就可以成就无上菩提呢?《瑜伽师地论》卷九〇解释《中阿含·小空经》说:

> 世尊于昔修习菩萨行位,多修空住,故能速证阿耨多罗三藐三菩提;非如思惟无常苦住。是故今者……多依空住。

此谓菩萨住空,与声闻之住无常苦不同。虽只片言只语,却很重要。释尊平常为声闻弟子说法,以出离心为出发,处处说无常、说苦。弟子们所修的多是不净观等,对于现实人生有极浓厚的厌离气味,这怎能修菩萨行呢?菩萨必须不舍有情,长在生死济度众生,修集福慧,然后无师自悟,有着"一人出世,万人蒙庆"的大气魄。假使他与声闻一样,那怎能成佛得菩提呢?故须多住于空。后代大乘经重视于此,其实这是佛教的根本思想,原始圣典的解释者就已充分注意到了。菩萨要长期住在世间化度众生,自己必须养成不受世间杂染外尘境界所转、入污泥而不染的能力,这就是空。《杂阿含》说空三昧是在无相、无所有二三昧之前,是在未体证真实理性前;空是侧重在离欲无染,于境无碍。

菩萨多修空住,无碍自在,不随世转,故能多多地利益众生。这如《增一阿含·序品》的启示说:

> 诸法甚深论空理,难明难了不可观;将来后进怀狐疑,此菩萨德不应弃。

这已露出声闻道的无常中心论而外,别有菩萨道以空为门的深义。一切佛法都向着空义进展,而空义又都趋向到菩萨法,这是论理必然的结果。还有,真谛译的《佛性论》说:

> 若依分别部说,一切凡圣众生,并以空为其本;所以凡圣众生,皆从空出故,空是佛性;佛性者即大涅槃。

分别说部,有人说是属于大众系的多闻分别部;依玄奘译,就是大众系的说假部。佛性,在后代特别发挥,有种种异解,初期教中,把它解作一种成佛的可能性。分别说部谓"空是佛性",成佛以空为可能性;如是,把成佛与菩萨行的"多住于空"贯通起来了。在理论上说,空是平等无差别性的,依之可引发出两种思想:一、"一切凡圣众生并以空为其本",而在空性上是平等无差别的,所以应发平等大悲心去普济有情而植佛因,此后代所以有"法界"为无漏功德因之说。二、"凡圣众生皆从空出,空是佛性",空是平等真理,一切众生在空性上平等无差别,而空性又是成佛的因,一切众生皆可成佛的一乘思想,是一呼即出了。这虽是后期佛教特别发挥的,但在菩萨道的发扬中,本就蕴含有这种倾向的。要成立菩萨道,在行为上是多住空门,在理论上以平等空理为基本,这是理论上的必然要求。

第三目　观行之所得

佛教,在阿恕迦王后佛弟子们的努力发扬开展中,一面做经典的整理工作,求圣教的量据;一面在内心体验,对"法"下考察的工夫。空义,也就是在法的体察下开展的。法的考察,有分别辨析与直觉体证的两种。在辨析方面说,假使是庸愚的人,以为一切是有的,自己所知的都是真实的,这当然用不着辨析。若智慧比较增胜的,则平常所谓实在的,他却不必以为实在,发觉执绳为蛇等错觉的认识,觉到我们一般认识不全是可靠的;于是以为世间最少有两类法:自他先后所见皆如是不变的,是实在;自见他不见的,只是自己一时的错觉,假而不实的,这就渐渐发生假实不同的问题了。佛法对一切法的考察,"我我所无",但名无实,这是佛在世已经明白标揭出来的。后代弟子们对法详细分析考察,又发现了更多的假法;从玄奘所判的六宗看来,假法是在一天天地扩大发展。佛灭初年,佛弟子的主张究竟如何,已不能详;但最初分裂的大众、分别说系,都否认了三世实有,而主张过未是假,唯现在有;后来,现在法中又把它分为假、实的二类。实有在天天缩小,假有在不断地扩大。假有虽还在世俗立言,但它与空有直接关系,因空寂的另一面就必是假有。所以,假有在引导佛法向空义进展上,是应该特别重视的。在修证体验方面说,《杂阿含》开示思惟无常法门,但也劝修空、无相、无所有三三昧。《中阿含》则在空定的渐离上,组织起三界的体系。修此定的,内心必然有一种诸法渐归于空的感觉;证得空寂解脱者,自更是体认到法法的寂灭不可得。佛弟子若重戒律或事相之禅的,则虽承认空,而可不必处处说空。阿恕王时的分别说系,表面上虽是重律系,但不久就大改变,注重到理论,与大众系合流。大众系,本是重经的一系,侧重理论是必然的。它重于直觉的、总略的,处处求其融通无碍,不务严格界限,理论都为总相的观察;由此倾向下去,自然与空义接近了。真谛传说:一说部主张一切唯一假名,都无实体。现存大众系的《大事》,说十地中之第六地,也明白说一切法空。近译的《入中论》就谈到东山住部(案达罗学派)主张一切法空。这些部派,都是属于大众系的。偏重直觉的总相之空,可说接近于胜义空。再看西北印的思想,一切有系是重禅系,但不久也注重理论了。阿毗达磨多是繁琐的名相理论;就是经部师,传说也有庞大的经部毗婆沙的编集。不过这一切有系的理论,是以辨析的态度出发的,严辨一法的界说,作一种繁衍的名相分别。从此中分化出的经部师,思想倾向到大众、分别说,接受了过未是假说,创树了无为无体说,也在一天天地向假有发展。假有的扩大,广泛的应用,结果也走上了空,可说是一种世俗的空。综合看,东南学派偏重空,西北学派偏重有。空,东南学派近于胜义空,西北学派近于世俗空。假有的发展扩大,终于到达一切法空;空得彻底究竟,又是法法如幻假有(故主空的案达罗学派,又可以承认一切法有)。东南与西北二学系,向着空有两极端发展,兜了一个大圈子,最后却又两相会面,终则综合会归到大乘经的法法假有、法法性空的究竟空义。

第三项　二谛之建立

二谛是佛法所常说的,《杂阿含》就早已有了"第一义"、"世俗"的名字。不过把它拿来广泛地应用,似乎是始于说假部。二谛,启示着法有常识的与特殊的两类,这是各家一致的说法。佛法的目的,就是在常识世俗上去体认特殊的胜义。

世俗有胜义空,是大乘二谛的一般意义;但从整个佛法的各方面看,不必都作如此解。有宗学者,不但世俗,就是胜义也以为要"有"才是谛;如《顺正理论》卷五八说:

> 非胜义空可名谛故。

空不能成谛,谛必是实有的,这是在法体实有观点上说的。不过,谛是确实不颠倒的意义;有的学派就认为:确实是无的,能够如实不颠倒地知其无,也就是谛,所以空是可以安立为谛的。这种不同的解说,是因对认识论的意见不同所致。在认识论上,佛弟子们的主张可以分为两派。一派说:认识的对象必是有的;有对象,我们才能够认识。不论是思辨的或直觉的认识,所认识到的必定是有;有时虽也认识到虚妄不实的,那只是认识的错误,不是对象没有。这近于有宗的见解。另一派以为:对象的有无,常识还不能决定,须经过理智的推考;推考所得,知道认识的对象,有有的,也有无的;所以认识到的不必都是有,可以有无的在内。这见解可以引申到空宗。假使以为认识到的就是有的,问题只在认识是否有错误,决非没有;这是没有经过批判的独断的有。第二类,在对象上经过一番考察,才断定它是有是无,这是客观的批判的有。就在这认识论的思想不同上,影响到佛教对二谛空有见解的不同。

学派之初,二谛不必在空有上建立。大略说,有以假实为二谛,有以真妄为二谛,有以理事为二谛的三对。其中的意义,有很多可以相通的,而以真实(真妄二谛)或理性(理事二谛)为胜义者,最与空相近。

二谛,在学派的许多不同解说中,先拿有部所传说的谈谈。他们总括一切法为"有为法"与"无为法",而依之建立二谛。《婆沙》卷七七说有四家的建立二谛,第四家是自宗主张的理事二谛,这与后来《俱舍》、《顺正理》所说的不同,其第一家,如论说:

> 有作是说:于四谛中,前二谛是世俗谛,男女行住及瓶衣等世间现见诸世俗事,皆入苦集二谛中故。后二谛是胜义谛,诸出世间真实功德,皆入灭道二谛中故。

《顺正理论》卷五八,也说到这种主张。这以一般苦集相生的有漏因果为世俗谛。世俗,含有变迁的、虚伪的意思。"男女行住及瓶衣等"一切常识所见的世俗事,都是苦、集二谛法,都是变迁虚伪的,所以名为世俗谛。灭、道二谛,是无漏智所体证的境界,是"诸出世间"的"真实功德",故是胜义谛。灭道是真,苦集是妄,所以这二谛是真妄的二谛;苦集是世间,灭道是出世,所以也就是世出世的二谛。它不是《婆沙》自宗的主张,与传说"俗妄真实"的说出世部思想相近。《异部宗轮论述记》传说出世部的主张说:

> 世间烦恼从颠倒起,此复生业,从业生果;世间诸法既颠倒生,颠倒不实,故世间法但有假名都无实体。出世之法非颠倒起,道及道果,皆是实有。

苦集从颠倒起,是虚幻无体的,故是世俗;灭道二谛不从颠倒起,是真实有的,故是胜义;这含有胜义谛是实有,世俗谛是无体的意思。

第二家的主张,如论云:

> 复有说者,于四谛中前三谛是世俗谛。……世俗施设灭谛中有,是故灭谛亦名世俗。唯一道谛是胜义谛,世俗施设此中无故。

这以是否世俗言义施设来分别二谛,所以不但苦谛集谛是世俗,灭谛经中尝说它是"如城如宫",也有世俗施设,还是世俗谛。只有道谛,"世俗施设此中无故",才是胜义。《顺正理论》卷五八,也说有三谛世俗、一谛胜义的二谛论,不过它以是否有为生灭的意义来安立二谛,故说道为世俗,灭为胜义。如云:

> 有一类言:三是世俗,有为皆是亡失法故。

《婆沙》引述的以道为胜义的二谛论,很有深意。灭谛是依缘起法建立的,就在"此生故彼生"的否定——"此灭故彼灭"上建立的,它只是世俗杂染因果的否定,不是世俗因果系列外别立的,就是经部也不以它为胜义。道谛则不同,它是在清净无漏的另一因果系上建立的。所以阿含在说缘起法则是真是实之外,又说八圣道支是古仙人道,也是真实的。大众系在"缘起无为"外又建立道支无为,因为它是与有漏杂染对立的另一系的因果必然理则。《杂阿含》六三八经说,舍利弗般涅槃了,其弟子均头沙弥取舍利回祇园,阿难看见了非常的悲伤,释尊安慰他,谓:

> 彼舍利弗,持所受戒身涅槃耶? 定身、慧身、解脱身、解
> 脱知见身涅槃耶? 阿难白佛言:不也。

舍利弗涅槃了,只是有漏因果的身心息灭,不是戒、定、慧、解脱、解脱知见的五分法身也灭无;这启示了"道是胜义"的思想,也就是后来无漏功德常住的思想本源。有漏因果可以否定,而戒定慧等无漏因果,究竟清净,本来常住,不可取消。这思想,学派中的大众系,很有所发挥。如传说是迦旃延创始的说假部,谓"道不可修,道不可坏"。《宗轮论述记》解释道:

> 一得以去,性相常住,无刹那灭,故不可坏。

道是本有的、常在的,只要经一种因缘方便,就可以显发出来,而且显发后不是刹那归于灭无的。南传《论事》第一九品第三、四章,说大众系案达罗学派的东山住部,主张"沙门果及道是无为",以无漏因的道及无漏果的沙门果,都是常住无为的。这些,与此所说的"道是胜义"的见解相同,而且还是真常大乘无漏功德本有常住思想的前身。所不同的,后代的真常论者是综合了道与灭,不再将灭当作有漏的否定看(经过一切法空的融冶)。这"道是胜义",是真实常住,虽只有这片言只语,缺乏更多的资料,但已足以窥见它与后期真常大乘教的关系了。它以道谛为中心,成立无漏功德的实有常住,不以一切法空本性寂灭为胜义,与后期大乘有宗的不以性空为了义,是出发于同样的意境和要求。

《婆沙》引述以道谛为胜义的二谛论,很有意义,《顺正理论》所引述灭为胜义的二谛论,也很有深意。这家的意思说,有

为生灭的可亡失法是世俗谛;苦集与道,虽有染净之别,其为无常亡失法,并无不同(后代有四智菩提也是无常生灭的一大主张),所以都是世俗谛。唯灭谛——灰身泯智的涅槃界,才是无为常住的究竟归宿,才是胜义;这应是上座系中"见灭得道"的见解。灭谛,就是择灭无为,这在有部等认为是实有,经部等认为非有,虽有诤论,照《顺正理论》卷四七所说的:

> 如正法中于涅槃体,虽有谓实谓非实异,而同许彼是常是寂故。

灭谛是杂染不复现起,常寂而非变动的,实是大家共认的真理。从消极方面引发之,经过经部的"无为无实",可以达法法皆空的大乘空宗,以遍一切法的空寂理性为胜义。从积极方面考察之,它是否定了杂染所开显的那内在的离言实性,是遍一切一味的妙有真常的空所显性;经过经部折衷有义而达大乘唯识学的思想。所以,无论以道为胜义,以灭为胜义,都是很有意义的。

《婆沙》引述第三家的二谛论,又把世俗扩大,主张四谛都是世俗,因为都是世俗施设的。不但灭谛有"如宫如城"的施设安立,就是道谛,经中也以沙门、婆罗门称之,也用如灯明等形容之。所以四谛都是施设安立的,唯有"法空非我"的理性,才是胜义。论云:

> 四谛皆是世俗谛摄。……唯一切法空非我理,是胜义谛;空非我中,诸世俗事绝施设故。

这与空宗的思想相顺。"法空非我",固可作我空与法空两种解释,但总相观之,是一切法空。一切有部说四谛各有四种理性——四谛十六行相,"空、非我",只是苦谛"苦、空、无常、我"四行相之二。其实不必如此,有部自宗也认为唯苦行相局在苦谛,无常已可通三谛,空无我是可遍通四谛的。所以空无我,是一切法最高级最普遍的理性,不同其余通此不通彼有局限性的理性。不但大乘,小乘空宗学者也在事相的"安立四谛"外,又建立一个空性遍通的"平等四谛";这也就是阿含法住智之通达四谛相,与涅槃智之体证遍一切法空寂性的差别。后代以一切法空为究竟了义的大乘,都与这"法空无我理是胜义谛"的思想有关。向来传说大众系的一说部,"说世出世法皆无实体,但有假名";世法是苦、集二谛,出世法是灭、道二谛,世出世法皆是假名无实,就与四谛皆是世俗施设的意义一样。所以这第三家四谛是世俗,法空非我是胜义的二谛论,近于一说部的主张。

第四家,《婆沙》自宗的主张说:

> 评曰:应作是说:四谛皆有世俗胜义。……苦谛中有胜义谛者,谓苦、非常、空、非我理(余三谛例此)。

这说,四谛的事相是世俗,十六行相的四谛理才是胜义。要通达此理,才能证得圣道。此十六行相(理),是殊"胜"智慧所观的特殊境界——"义",故曰"胜义谛"。这里要知道,十六行相是共相,是此法与彼法的共通性;这共通性是不离于差别法,因差别的自相法而显出的遍通的理性。所以这《婆沙》自宗,与上面第三家意义是很相近的。同以四谛的理性为胜义;所不同者,第三家说的是最高的普遍理性,《婆沙》自宗说的是随事差别的理性。他们同将胜义建立在圣人的特殊认识上,只因《婆沙》以"四谛渐现观"得道,故是十六行相随事差别的理性;假使他们能够主张观一灭谛得道,那必定会与第三家一样的建立在普遍理性上。

综上四家,都是以圣人特殊心境的特殊认识为胜义,都是在真妄或事理上安立的二谛。不过灭为胜义比较理性化(第三家与此相近),道为胜义的比较具体些。此不同,正如后代圆成实性单是空寂理,与包括波罗蜜等智功德的二者的不同。此二者的融合,就近于第一家了。这圣智境界为胜义谛的见解,直到佛元六世纪迦腻色迦王时编集《大毗婆沙》的法会上,大家还是共同的。《婆沙》虽是有宗思想高扬的极点,但其胜义谛的思想,还是与空宗的见解相近。不过,后来的有宗变了,大小乘的有宗都变了。这因为大乘空宗发扬皇厉,危及有宗的存在,使他们不能不改变其二谛论以自固其壁垒。这在《俱舍》、《顺正理论》时代,已成为西北印学者的共同趋势了。我们且看他们的解说吧!

《顺正理论》卷五十八叙述好多种的二谛论,其前二说已见上文。第三说云:

> 有言:二谛约教有别:谓诸宣说补特伽罗城园林等相应言教,皆世俗摄。……诸有宣说蕴处界等相应言教,皆胜义摄。此为诠辩诸法实相,破坏一合有情相等;能诠真理,故名为谛。

这二谛,就是假名与实相的不同。补特伽罗城园林等假名法是世俗谛,蕴处界等实相法是胜义谛。蕴等诸法为何可以称为胜义谛? 论说:一、因为它是诸法的实相;二、它可以破除我见。这二谛,已不是真妄或理事的二谛,已不谈圣人体证的境界了,已渐与后期有部的思想接近了。

第四,正理论主叙述自宗的主张说:

> 于色诸和合聚破为细分,彼觉便无,名世俗谛,犹如瓶等。……有和合聚,虽破为多,彼觉非无,犹如水等。若以胜慧析除余法,彼觉方无,亦世俗谛。……若物异此,名胜义谛,谓彼物觉,彼破不无,及慧析余,彼觉仍有,名胜义谛。

《显宗论》卷二九有同样的文句,《俱舍论》卷二二也说有这种意思。这从认识的立场,说明所认识的法可以分为两类:一是假名的,或如军林瓶衣,在物的本身上分析,就要失其存在。这是假名法,就是世俗谛。或如水等,经过常识胜慧的分析,也不失其存在的。这一一法的真实自相,才是胜义谛。自相有的是胜义,假名有的是世俗,这二谛,全在假实的意义上安立。如是,与"一切法空非我为胜义"者,到此始邈不相及。后代瑜伽者与中观者诤论的依他世俗缘起也是胜义有的主张,就是承袭这后起有部学者的思想。古代的二谛论,都是从真妄或理事上安立的,就是我国从前的毗昙宗,还是说的理事二谛;古代,绝没有在庸俗的心境上说胜义谛的,有部正统的迦湿弥罗毗婆沙师也还是如此。这并不是说假名与自相的分别是后起的;有部主张一切法最后的单元是实相有,一合相是假名有,这是他们固有的思想,但假名有与实相有并不就是世俗谛与胜义谛。把二者配合起来说,在《婆沙》以后。

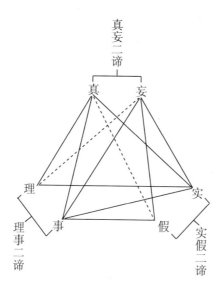

上面说的,都是总依有为无为的一切法而安立的二谛。另有些学者,如经部师,则专在缘生有为法上安立二谛。这思想也很有意义。无为,在佛陀是约一切法的寂灭不生而说的,它只是一切法的否定;所以唯是一切有为法,才是有的,才可以安立二谛。无为是法的常寂理性,虽也称之曰"法",而实是非有的寂灭。在思想比较纯朴的经部师,重视佛法的根本,所以专在有为法上安立二谛。如《顺正理论》卷五八,叙述上座室利逻多计云:

> 又彼(上座)自说二谛相言:若于多物施设为有,名为世俗;但于一物施设为有,名为胜义。又细分别所目法时,便失本名,名为世俗;若细分别所目法时,不失本名,名为胜义。

这还是有宗之流的假实二谛;经部出自有部,所以还是采用有部的假实二谛。不同的:经部认为无为是有为的否定,没有实在性的,于是安立二谛时,专谈有为的苦、集、道三谛,如《顺正理论》云:

> 上座作如是言:三谛皆通世俗胜义。谓一苦谛,假是世俗,所依实物名为胜义。集谛、道谛,例亦应然。

苦集与道,虽有染净之别,其为有为则无不同;所以三者的自相有者是胜义谛,假名有者是世俗谛,都可以通于二谛。灭谛呢?论文接着说:

> 唯灭谛体不可说故,同诸无记,不可说有。

外道问佛"世间有边无边"等十四个问题,释尊都置之不答。为什么? 因外道问的"世间"、"如来"、"命"、"身",意许着我我所;佛教根本否认其存在,没有的法,怎能说其如此如彼,所以"无故不记"。无为法,在经部看来,只是有为的否定,同十四无记法一样的根本没有,连"假有"也谈不上,只是名字安立而已。假实都不可说,所以是二谛所不立的。这思想很近于理事二谛;理事二谛,或以灭谛为胜义,余三为世俗;或以法空无我为胜义,四谛为世俗;都将不可得的空寂理性与一般法相对起来,作另一种看法。现在,经部将灭谛当作空寂理性,置之有为的胜义世俗以外,其观点岂不与理事二谛说相近吗?

《瑜伽师地论》卷九二《摄事分》(即《杂阿含》摩怛理迦)也有与这思想类似的一段文。论文在讨论初果圣者"见法知法",

所见所知的是什么法？谓有有为法见与无为法见的二种；这样谈到了有为的二谛：

> 有为法见者，谓如有一于谛依处及谛自性皆如实知。云何名为谛所依处？谓名色及人天等有情数物。……云何世俗谛？谓即于彼谛所依处，假想安立我；……又自称言我眼见色……乃至如是寿量边际；……当知此中唯是假想，唯假自称，唯假言说；所有性相作用差别，名世俗谛。云何胜义谛？谓即于彼谛所依处，有无常性，广说乃至有缘生性（可例加"有有为性，有寂灭性"等）。

于名色——蕴处界等有情活动具体法（谛所依处），从其和合假聚的我我所园林等、我眼见色等假名法的意义，叫"世俗谛"；从其缘生、无常、无我、空寂理性的意义，叫"胜义谛"。这二谛，也同经部在有为法上安立的，不过是理事二谛，不同经部的假实二谛。同时，经部以具体事的假实安立二谛；《瑜伽》将事上的假名立为世俗谛，胜义又建立在无常等理性上，各向一边安立去了，把这事上可认为实相的蕴处界等法（名色）置而不谈，只叫它做"谛所依处"，为安立二谛所依的，本身却不是二谛（也可说随二谛摄）。二谛，是约法上的两种性质分的，法的本身则不谈二谛——这都是有为法见。无为法见者，论云：

> 无为法见，谓即于彼谛所依处，已得二种谛善巧者，由此善巧增上力故，于一切依等尽涅槃，深见寂静，其心趣入。

善巧二谛，见一切法寂静，体悟到涅槃智，叫无为法见。可以说，有为法见即法住智，无为法见即涅槃智。这在二谛外另立无为法见，说胜义谛只是有为法的理，此外深入涅槃智的时候，有着一种更深刻更高级的理境在，很可以引发出三谛的思想。这样比较考察之下，各家所说的胜义谛，或是世俗法的实在，或是世俗法的否定，或在世俗法否定之上别有更深刻的建立；它的不同，将要影响到后代胜义空、胜义有的见解的不同。

这种种二谛说，都只是一重二谛。一重二谛，在正理论师是感到困难的。因古代说的是理事二谛，现在说假实二谛，与之相违；今说是胜义的实相法，多分是事，在古说中还属于世俗。经部师曾力予批评，依有部见解，五识都能缘得法的自相；就是意识，在现量正确的时候，也能缘得法尘自相；自相有的就是胜义，就应都能见得胜义谛！凡夫既见到胜义，为何不得解脱呢？经部师反对有部说：凡夫所见是有错误，不能尽见实在的！正理论师的假实二谛，于实相立为胜义，却不承认见胜义可以证圣，为会通此违，在卷五二里说：胜义谛的实在法中，有自相共相二种：凡夫六识，只能见法自相，须进观其共相理性，才能引发圣道，得圣智。这样与理事二谛贯通一下，才把困难勉强解决了。因此，单纯的假实二谛，是不足以分别凡圣的。到了成实论主诃梨跋摩，他学过有部，学过大众部，又采取经部的思想，出入诸家，另成系统，调和各种二谛论，立为二重二谛。其第一重，如《成实论》卷一一说：

> 又佛说二谛：真谛、俗谛。真谛谓色等法及泥洹（论立色、香、味、触、心、无表色、涅槃七种，为一切法的实在单元）。俗谛谓但假名无有自体，如色等因缘成瓶，五阴因缘

成人。

这是假实二谛。色等七种实在单元是胜义,假合的人或柱是假名的世俗。同经部、有部所说的一样。不过,他又说:常人只见到和集的假相而已,不能见到实在的胜义;能够见到七元实在法,已经是灭假名而得无我见的圣者了,这已克服了有部的困难了。其第二重二谛,如论卷一二说:

> 五阴实无,以世谛故有。……第一义者,所谓色空无所有,乃至识空无所有。……又见灭谛故,说名得道,故知灭是第一义有,非诸阴也。

五蕴都是无自体的;上面第一重说的胜义有自相,只是世谛之有,非真胜义。真胜义谛是空无所有的,是四谛中的灭谛;要见灭谛理,得了圣道,才是真见胜义。这与有为(苦集道)无为(灭)安立的真妄二谛论相合。二重二谛,综合了假实、真妄两对二谛,采取经部之说而超越之,更与大众系的思想贯通,安立第二重。二重之中,五蕴诸法说是实有单元,今又说是俗有真空。灭谛(泥洹),说是胜义有,又说是空无所有,不相矛盾吗?不,这二重是约不同的立场、不同的见地说的;在较初步的认识上(以法心灭假名心),可有一种胜义与世俗;在更进一步的阶段上(以空心灭法心),可以又得另一种见解。他把诸家之说,贯串在一个历程上。在声闻佛教里,《成实论》是一个综合诸家而很出色的思想。

声闻教中,在法上安立的二谛,总不出上述的几种。不过,另有一种约慧安立的。所取境,必有能取的智;智不同,也影响到境。所以可以依智来安立二谛，如《分别缘起初胜法门经》说：

> 若法住智所行境界，是世俗谛。若自内证最胜义智所
> 行境界、非安立智所行境界，名胜义谛。

又《俱舍论》卷二二，引证经部先轨范师所说的二谛论，也是约智安立的。如云：

> 如出世智，及此后得世间正智所取诸法，名胜义谛；如
> 此余智所取诸法，名世俗谛。

《分别缘起初胜法门经》属于声闻藏，但不是四阿含所有的；应是西北方声闻学者综合各种思想的作品，与经部近。先代轨范师，是以经部而折衷毗昙的学者。所以，二者都属于西北印一切有系的思想，但见解上也略有不同。《分别缘起初胜法门经》以为凡是法住智所缘的，都是世俗谛；不但一切差别事相，就是通达缘起的普遍理则，也还是世俗谛。不问所通达的是理是事，只要是安立名相的法住智所缘，皆属世俗；非安立的涅槃智，所缘的内证离言法性，才是胜义。这是综贯理事与真妄的二种二谛。这二谛，都是圣者境界，涅槃智境固无论了，法住智最少也须具闻思慧才能得到，绝非常人可了。不过在贤圣智境的知解与证会的不同，分为二谛；可名曰离言依言或安立非安立的二谛。先轨范师，以出世无漏根本智与后得智所缘的都是胜义，包括了圣者所通达的理和事。凡夫与圣者俗智所缘的，叫做世俗。如是，胜义谛被扩大，世俗谛被降低了。这是二者的不同。圣者不但

通达胜义理性，由根本圣智所引发以通达安立名相的世俗智，也是与凡夫不同的。反之，圣者也有有漏心心所，他的缘境也有与凡夫共同的。依圣者的智境而贯彻到凡圣同异点上，就如先轨范师所说。《分别缘起经》，却是专从贤圣智境着眼，这无怪有此不同了。

从上面种种所说的看来，二谛不出假实、真妄、理事三对，或加安立非安立一对。我们了解了二谛论的种种不同，对唯识学者四重二谛的思想渊源，与其组织力之伟大，当可帮助理解不少。

第二节　实相与假名

第一项　有如实知有·无如实知无

"假名与实相"，名义的范围通得很广；现在所要说明的，指一切有部所谓的"假名有"与"自相有"（实相），即一切学派在世俗法上的假实分别。至于胜义空有问题，留待下面再说。

这一项为什么叫"有如实知有、无如实知无"呢？记得初学佛时，读到这两句，不知究作何解？有的，如实了知其有；无的，如实了知其无——这是一解。但又可将每句第一个字的"有""无"，作有没有解：只有"如实知有"，没有什么"如实知无"的。同样的字句，作两面的解释都说得通，但意义却大大的不同了。后来，多读些经论，才知道这正是佛法净论的根本问题。

这两句话，学派佛教里都是在讨论三世有无的时候说到，是诤论认识论上的知有或知无。详细的辨说，可读《顺正理论》卷一九、卷五〇,《成实论》卷二,《俱舍论》卷二〇等。现在只从这些理论中抽出一些重要的观念谈谈，不去详引了。上面曾说过，因认识论的不同，可以影响到二谛论等一切的不同。学派佛教对于认识对象的有无，有两种见解。

第一派，如萨婆多部等，说"有"，就是以"可认识"为定义，如《顺正理论》卷五〇云：

> 为境生觉，是真有相。

这是说，只要为心识的所缘，能够生起认识觉了的，其所认识到的，决定有真实相存在。《成实论》卷二也说：

> 知所行处，名曰有相。

所认识的必定是有，其理由，有部各论典里都说到，现在总括为四点来说。一、知必有所知——凡是有认识活动，必定有所认识的对象，这对象必定是实在的，不然就不成其为认识。所谓识生必有所缘相是。二、待缘方有知——认识的生起必有所缘的对象，也是"缘"的一种（所缘缘）。有所缘对象，才能生起认识；所缘对象，既具足引发认识作用的力量，可见是实有的。三、待缘知有异——认识到的青与红的不同，必是所认识对象"有"得不同；有的才可以分别差异，无的如何可说有差别呢？因"有"之种种不同，故生起种种不同的认识，可见对象是有的。四、境有乃起疑——认识时有疑惑；必定是在"有"上没有认识清楚；没有的决定不会起疑。如在光线不足的环境下，必定要有一条实在的盘绳,认识不清楚,才会生起是绳是蛇的疑惑;没有绳,蛇的疑惑根本就无从生起。由这种种理由,所以《成实论》卷二下个论断说:

> 若知则不无,若无则不知。

第二派,像经部师,有着另一种思想,以为认识到的对象不必尽皆是有,可以有,也可以无。这思想很早就存在了,因这是在讨论过未有无时提出的,而过未有无之诤,在最初根本上座、大众二部分化时就发生了的。认识对象之有无,是佛教的根本问题。不过,详细的诤辨,要到出自一切有系而力反一切有思想的经部譬喻师,才重视这一论题。《大毗婆沙论》卷四四叙他的计执云:

> 譬喻者彼作是说:若缘幻事,健达缚城,及旋火轮、鹿爱等智,皆缘无境。

知识可以缘到幻事、乾城等,可见所识的可以通于无;对象虽无,还是可以成为认识。所以他主张的"无",与有部的定义不同,"无",不是什么也没有。所认识可通于无,其理由,概括论之,可有两点。一、无而见有——本来没有的,我们可以似乎见有;如旋火轮,本来没有轮,只是一枝香,可是在迅速地旋转下,可成为一种轮的形状,可见所认识的不尽是有。"舟行岸移,云驶月运"等,也是此类。二、知其为无——如问:此处有物吗? 答:无。能够知道此处无物而答之,必是认识上已认识到"没有"。譬喻师就用这两种理由成立其"识可缘无"的理论。不过,不是说一切所认识的都无；是说，所认识到的，固然有"有的"，而也有"无的"，不必固执谓一切所知皆是有。这样，《成实论》卷二结论说：

> 识法，有则知有，无则知无。

这就是学派佛教两种认识论的基本见解与其理由。

经部"识可缘无"的主张，对有部成立所缘必有的四种理由，必须为之解释，才可以成立自己。总括有部"知必有所知"、"待缘方有知"、"待缘知有异"的前三理由，答复一句说：缘无可以知。这可以由两点来成立：一、无缘而知。没有所缘，还是可以认识，如《成实论》卷二说：

> 诸法实相，离诸相故，不名为缘。

诸法的实相，一切不可得，对它的认识，就是没有所缘相的。涅槃，经部师认为就是无相界，不能说它如此如彼；那么，证会这涅槃的智慧，就是无所缘相了。所以，没有所缘的对象，还是可以有知——认识的。这见解，有部当然不承认，因为他们说涅槃的择灭无为是别有实体的，还是有所缘而知。不过在经部的体系下是很重要的见解，而且是后来一般大乘共同重视的见解。一切法不可得、绝无能所自性的大乘空宗不必说了，就是大乘有宗的唯识家，也都认为所取相只是心识上浮现的影像，不是实在的。二、所缘无实。有部他们以为缘无即不成为缘，所以是不能缘假名法的。但在经部师则认为假名无实的法，是可以作所缘而生起认识的。《顺正理论》卷一九叙计云：

都无所缘;……非唯缘有。

这意思说,虽然有所缘相,但不必尽是实有的;假名不实的法,还是可以作所缘而生认识的;如旋火轮的轮相,认识的所缘上有,但除了一枝香而外,是没有轮的实体的;轮体虽无,还是可以作所缘而生起轮的认识。所以"缘无可以知"。其次,答复有部第四"境有乃起疑"的理由,如《成实论》卷二说:

若疑为有为无,则有无缘知也。

正怀疑的时候,对所缘还没有确定它是有是无,所以正可由心上的疑有疑无,证明对象可有可无,不见得全是有的,故心是可以缘无的。有部说,能够起疑,可见境有;现在说,能够疑无,可见境可以无;正是针锋相对的结论。

许"识可缘无"的经部师等,在解释了有部他们成立"所缘必有"的理由以后,可以反难有部说:"非有"的法,内心如实认识其非有,这在我们肯定必有无缘之知者看,"非有"就是我们的所知,不成问题;你们以为所缘必有,这"非有之知"的所缘究竟是什么呢? 如《顺正理论》第五〇卷举经部师(上座)的问难云:

又于"非有",了知为无,此觉以何为所缘境? 又若缘声先非有者,此能缘觉为何所缘?

又《俱舍论》卷二〇也举过经部师同样的抨击。《瑜伽师地论》第六卷在批评十六种异计中,那"以可知故"的理由成立过未世有的异计时,对这有着较详细的评破。如云:

> 此取无（之）觉，为作有行、为作无行？若作有行，取无
> 之觉而作有行，不应道理。若作无行者，……为缘有事转、
> 为缘无事转？若缘有事转者，无行之觉缘有事转，不应道
> 理。若缘无事转者，无缘无觉，不应道理。

这设双关问道：认识是没有的这种认识，心上起的是有的行相、
还是无的行相？取无之觉而起有的行相，当然说不通，所以是起
无的行相的。进而追问道：心上所起无的行相，所缘的对象是有
是无呢？行相所缘不应相违，"无行之觉缘有事转，不应道理"。
所缘是无，那么，应该是有"缘无"的认识了。这由行相所缘两
步次第设双关问难，逼使对方承认有缘无的认识。又，《瑜伽》
卷五二也有成立缘无认识的五个理由，如云：

> 无性，非有为摄，非无为摄。

"无性"、"无我"等这些否定有的认识，其所缘的对象，既不能说
是有为法摄，因为它是有为的否定；又不能说是无为法摄，因为
这还不是亲切体认到无为理性；而除了有为、无为之外，又再没
有第三类法，可见这认识是缘无的认识。上述的种种认识，各方
推察其所缘对象，都是假名不实或全无其法的，但事实上却又可
以生起认识来；这在认定所缘必有的有部师，是很难答复的
问题。

有部虽然以为所缘必有，但对错乱认识的不实，还是不能否
认。因如"火轮"、"二月"等错乱境相，一定要说是实有，是违反
常识世间的。所以，在这上面，亦须指出其错误，确是无实而错
见为有的。不过有部以为"假必依实"，不能凭空的假；认识行

相尽管是颠倒错误,错误的内在,还是依据一个实有法而现起的。如见第二月的认识,在经部师等,以为这所缘是无的。《顺正理论》卷五〇则说:五识缘得的,全是法的自相,它是不会错的,所以眼识上并没有见到二月;只因眼有眩翳等的病态,发识不明,生起错觉,由第六意识分别它以为是二月。同时,第二月依实在的第一月生起的,在假依于实的见解下,认识尽管错误,所缘还是有的。如论中这样说:

> 谓眼识生,但见一月;由根变异,发识不明,迷乱觉生,谓有多月。非谓此觉缘非有生,即以月轮为所缘境。

有部对于认识与对象不相符的事实,大概是用两种理由来解说:一是心想颠倒,将无实的认为实在。一是心的胜解力造成的,如修不净观或十遍处定,依少分青相,可以遍观到四维上下都全是青相;这当然与事实不符,但不是错乱颠倒,也不全是出于内心的虚构,它还是有其对象上少分青的一点根据,只由胜解力把它扩大而已。遍青,是依少分青而生起的;所以认识与对象的不符尽可承认,却不是没有对象。这是有部的一种答复。同时,他们对经部师及《瑜伽论》"知无"认识以什么为所缘的责难,也有其答复。《成实论》谓"见相违相故";《顺正理论》有着更明白的解说,如云:

> 此缘遮有能诠而生,非即以无为所缘境。……于非有能诠名言,若了觉生,便作无解,是故此觉非缘无生。

"知无"的认识,是以"遮有能诠"——属于不相应行的"名身"

为所缘而生起的。有部认为不相应行法还是实有体性，所以这知无的认识还是实有所缘对象的。在这里，有部达到了彻底的实在论，不但肯定面的法是实在的，就是否定面的法，如"非得"以及这里所谓的"遮有能诠"等，也都许其实有自体。西洋哲学中的新实在论，也有主张有的是实在、非有的也是实在的思想，与有部很接近。这有部的思想，是在论辩中渐次发展周密的；最初认为识缘自相为有，火轮等错觉为无；后来在经部师的责难下，又进一步说明否认的实有能诠"名"为所缘境，而贯彻其所缘必有的主张。不过，在经部等看来，"知无"的无，直接就是对象的无，无就是无，所见非实的，不容执以为有，所以《俱舍论》说：

> 若谓即缘彼名为境，是则应拨彼名为无。

无的，能否认识得到，是学派中很重要的诤论。如经部等容许知无的，确是空义开展的重要理论。研究其根本差别所在，是对"有"的看法不同。所缘有宗说有就是存在，是独断的；所缘无宗则是批判的，认为对象的"有"，认识时并不能了解，须经过一番判断的。如《成实论》卷二说：

> 是识但能识尘，不辨有无。

所缘有宗的成立其有，不单在所缘相上，必定推到所缘相所依托的法上去。他由存在的观点出发，不以所缘为对象，由所缘而推其内在所依的实体。所缘无宗，则专在认识所缘上判断，无的则如实说它是无。是不是专在所缘上判断有无，是二者很重要的一个差异点;后代大乘空有之诤,问题也还在此。

又,有宗推论到所缘相内在所依的实在,但错乱觉的,还是认为是无。如"我我所觉"的所缘,承认是无而须破除的;那么,这错误的认识、知无的认识等,都必须归结到心的行相上去。错乱之无,是内心错误造成的,不是外境不实。有部他们说梦境是有的,如梦见一个人头上生角,这当然是错误是不会有的;但各别的人头与角,是实有的。综合的错误,是内心造成的,还是有他各别的实在所依。所以一切有部,正面看他是在尽力发挥其实在论;从另一面看,他是个心理主义者,在错乱行相范围的扩大发展之下,他可以走到唯心论的境域里去。反之,容有知无者,对象之无确实是无,错误不必建立在内心行相上,幻妄的所缘相本身,非有现有的,不必安立在心或名上,对象当体就可安立,所以不必走上唯心。大小空有的思想,在错综地交流着。

第二项　假名有

第一目　辨假有

说假名必然牵连到实相,说实相也必然关涉到假有;假名与实相,本来是无法划然地分开说明的。不过,现在以假名有为讨论中心,而附带地说到实相。在这假名有的说明中,先正说假名有,其次再谈假有之我。

"假名有"这名辞,佛世时就已经有了,不过后代各宗各派的解说有着很大的不同。且先谈谈一切有部的解说。他们对于假有偏重在和合假。他们说:一一法的自性是真实,自性和合现起的一切现象活动才是假有。因他们只注重这和合假，所以其假有范围很狭小；别的部派说的假有法，有许多在有部看来是实有的。佛说假有的本义，如说五蕴和合所以无我，我是假有；如是推之园林等法，亦复以和合故是假有法。这可说是佛法假有的基本观念。时代略后所说的，如经部等，说有为的一分与无为法都是假有的，扩大了假有；其假有的定义，自也非"和合假"所能范围的了。有部固守古义，不变其"和合假"的思想，这从《大毗婆沙》所表现的看，是很显然的。《婆沙》第九卷叙述"有"的三种主张。第一种说：

> 然诸有者，有说二种：一实物有，谓蕴界等。二施设有，谓男女等。

实物有就是蕴等——诸法的真实自性。施设有就是诸法自性和合施设的和合假有。这可说是有部对"有"的根本思想。第二种主张，分为相待有、和合有、时分有三种；这三种有，是摄一切有不尽的，因为可疑，暂且置之不谈。第三种主张，分为五种有，论云：

> 有说五种：一名有，谓龟毛兔角空花鬘等。二实有，谓一切法各住自性。三假有，谓瓶衣车乘军林舍等。四和合有，谓于诸蕴和合施设补特伽罗。五相待有，谓此彼岸长短事等。

此中第二实有，就是诸法自性的"实物有"；而将"施设有"约有情与无情分别为和合有与假有两种。所以，有部最初主张的

"有"，还是实有与假有的两种；不过在假有上约各种不同的意义，安立各种不同的名字而已。《大智度论》所引说的"有"，大体还是这样。现在单提出第四五蕴和合为我之"和合有"与第三多树立为假林之"假有"的两种说一说。

由上文看来我们大概知道，有部说的假有与经部等很有不同，现在且分四点来说明：第一、假必依实：《顺正理论》卷一三对经部的假法，下个"以何为依"的责问：

> 未知何法为假所依？非离假依，可有假法。

离开了假所依的实性，假法不能建立，这思想，大乘瑜伽学者是很肯定地袭用了的。

第二、假无自性：假名无自性，不单是大乘空宗的名字，小乘有部里早已有了，不过他们应用这名辞的含义，范围很局小。《顺正理论》卷一三说：

> 是假有法宁求自性？然诸刹那展转相似，因果相继，诸行感赴，连环无断，说名相续。

假有法是不能寻求自性的，只有在色香味触等一一实有法上，才有自性可寻；假有法绝无自性可说，它只是实法和合下发其活动作用，成为刹那展转的因果相生相续。虽约其作用的前后刹那相似相续，也叫做有，但是假名有，要把它当实物有法一样的寻求自性，是错误的；必要寻求自性，则一切实有法各各安住自性，三世一如，因果相续就不能安立了。所以，有部也说假无自性，但他是说：假的法无有自性，另自有实有自性者在，不是法法都是假,故也不是法法都无自性。他们说的这"自性",就是真实有,就是一一法的自体;《婆沙》卷七六说它有种种异名:"如说自性、我、物、自体、相、分、本性,应知亦尔。"这与后代大乘中观师所无的"自性",是一样的。

第三、假无自性而不可无:如《正理》卷五八、《显宗》卷二九云:

> 世俗自体为有为无?……此应决定判言是有。以彼尊者世友说言:无倒显义名,是世俗谛。此名所显义,是胜义谛。……即胜义中依少别理立为世俗,非由体异。所以尔者,名是言依,随世俗情流布性故。……即依胜义是有义中,约少分理名世俗谛,约少别理名胜义谛。谓无简别总相所取,一合相理,名世俗谛;若有简别别相所取,或类或物,名胜义谛。

由此可见到他们的二谛观。他们引世友的说法:凡是名相安立表示所依止的,只要正确不谬的就是实有的胜义。依名相安立上说,就是假名的世俗。这假名与世俗、实有与胜义,是一致了的。有部的假实二谛,就是从世友的见解引发出来的。有部他们,以为"有"就是一个胜义有,不过约不同的意义,别安立为假名有;离言非安立的法体,各住自相,本来就是实有,不是本无今有,有已还无。由种种因缘引发起用,在用的已灭、正住、未生,安立过去现在未来。在这作用的因果相应和合中,呈现有一切具体活动,我们一般人认识到的,即此总合相,我们认识时都已经是安立名相的了;这安立名相的一合相,就是世俗的假名有。

可说：总相不分别，是世俗；分析到一一的真实，是胜义。其实，二者只是一个真实有，假名有只是在真实的法体相续起用上安立的，结果还是归到真实有。

第四、执假有为自性实有，是行相颠倒：假有虽然还是有，但是不离真实自性的有；是自性的因果作用之和合假；若把这和合假当如自性一样的实在看，则是错误。《顺正理论》卷五○举"我"的譬喻来说明：

> 我觉即缘色等蕴为境故。唯有行相非我谓我颠倒而生，非谓所缘亦有颠倒。

如"我觉"，我是五蕴和合的一合相，是假名有，不是真实有；我们的认识缘到这五蕴聚，就执有一合相整体实有的我，这是认识行相的颠倒错误。假名有之"有"，是依真实有建立的，它不能像自性一样的有。

总之，一切有部说的"有"，只是一种真实有；约起用活动，立之为假名有；终在假实二谛强化之下，假名与实有，与世俗与胜义二谛合流了。《顺正理论》卷二说：

> 世起想名，无有决定，故对法者随世想名示现地等衣等差别。又实有物，非世共成。世所共成皆是假有。

他们既说假有无性，又说执著假有是错误，终则归结到假有的内在就是实有。

无，有部并非不承认，如《顺正理论》卷一五曾分别四种无：

> 诸所言无，义有多种：未生，已灭，毕竟，互无。

毕竟无,即龟毛兔角等毕竟没有的。互无,即此色法上无彼心法作用等。未生无、已灭无,即过去法与未来法。一切有者,从"有"的观念出发说无,其未生无、已灭无,并不是法体没有,只是约没有作用叫做"无",其无结果还是有。所以,他们又综合为四种有,如《正理》卷五〇云:

> 总集一切说有言教略有四种:一实物有,二缘合有,三成就有,四因性有。

这四有中的后三种,只是在实物有的作用上分别安立的。故假名有(缘合有)归结还是实有;不是说"假有",就是什么也没有。所以,我们在经论中看到"假名有"的名字时,应该注意其不同的诠义,不可笼统地一概论之。

上面检讨一切有部的假有说;以下我们来看看经部譬喻师的假有思想吧!

假有性空的开发者,本是大众分别说系;不过他们的理论解说,在现存的声闻藏文献中得不到详细的资料。唯有经部譬喻师,出自有部,而接受大众分别说系的思想,于假有义多所阐发;文献中介绍的也不少,是值得一论的。经部的假有论,侧重在认识论的立场上作理论的辨析,与一切有部同;这是西北印学派的作风。中南印的大众分别说系,虽是假有义的阐发者,然多为直觉的说明,少作严密的推理建立。

经部思想的演进,可分作好几个阶段,这里简单地约两个时期来说明。第一,从《大毗婆沙论》里所介绍的经部譬喻师初期思想去考察:这时期,譬喻师的基本思想已成立,而未经开发圆满。其假有义,还是建立在认识上的缘无之知(《婆沙》卷四四),主张化像、梦境等非实有。化像、梦境的假有,本是常人所容易发现的,所以假有论应以过未无实为要义,但在《婆沙论》中还没有明白的文证说譬喻师是如此主张的。当时他的另一重要理论为"境相非实有";如《婆沙》卷五六,在比较犊子、有部、譬喻师三家对于"我"、"能系结"(烦恼)、"所系事"(烦恼所著境)三法假实的见解时说道:

> 譬喻者说:能系结是实,所系事是假,补特伽罗亦假。……彼说:有染与无染,境不决定,故知境非实。

犊子部主张有我,故说三法皆实;一切有部主张法有我无,所以说二法(除我)是实;经部譬喻师则谓只有能系结是实,所系境事是假有不实的。能系结——烦恼,是属于心的;所著境无,而能系的心法有,可说是"心有境空"的唯心思想的创说者。《婆沙》所叙譬喻师的假有思想只及于此(不相应行假有等姑且不谈)。

第二,从《俱舍》、《正理论》中所介绍的去考察世亲时代譬喻师的假有思想:这时,他鲜明地揭出过未无体的主张,一面承受婆沙时代的"所系事假",强调了境界非实,并且进立"根非实有"的主张;与大众系中说假部"十二处非真实"(《异部宗轮论》)的见解相同。过未无体,这里且暂置勿论,单对于"根境无实"的主张检讨一下。

境为什么非实有呢? 婆沙时代的譬喻者只说:因为由各人的观感不同,境界也就跟着不同,可见不是实有的。除此,没有什么其他的说明。如该论卷五六引述譬喻者的一个比喻说：

> 谓如有一端正女人，种种庄严来入众会，有见起敬，有
> 见起贪，有见起嗔，有见起嫉，有见起厌，有见起悲，有见生
> 舍。应知此中，子见起敬，诸耽欲者见而起贪，诸怨憎者见
> 而起嗔，诸同夫者见而起嫉，诸有修习不净观者见而起厌，
> 诸离欲仙见起悲悯，……诸阿罗汉见而生舍。由此故知，境
> 无实体。

这从各人对境界印象观感不同，引发心理情绪也不同，而用以说
明境界的没有实体。一切有部以为，认识时生起好感，是对象中
有着实在的清净分；生起恶感，是对象中有着实在的不净分。经
部则谓对象是没有固定实在性的，好感恶感等，全为主观心理的
关系。这一思想，只由主观心理去说明，由于内心对烦恼的离染
不离染，及离染的程度不同，境界就不决定，是出发于实践体验
而说明的；还没有达到直从境相本身以说明它的假有不实。

这境相不实的思想，到《顺正理》时代，便有详细的发挥，如
该论卷五三说：

> 譬喻部师作如是说：由分别力苦乐生故，知诸境界体不
> 成实。……又如净秽不成实故，谓别生趣同分有情，于一事
> 中取净秽异；既净秽相非定可得，故无成实净秽二境。

此中第一点是继承《婆沙》所说的情绪不定论。第二点，净秽二
境不实，是新发挥的。异趣有情，因为各各业力不同，在同一境
界上，各各所见或净或秽大不相同；如一河水，"天见宝庄严，人

见为清水,鱼见为窟宅,鬼见为脓血"。后代唯识家常常引用一境四心来证明唯心无境,也不出此理。经部虽没有像唯识学那样强调唯心,而引为境界不实的理由是同的。依此理,如火由色触二种极微合成,水由色香味触四种极微合成,水与火,在构成的本质上看,是截然不同的;但在同一境界上,人见为水,鬼见则为火,对象到底是二微合成之火,抑是四微合成之水呢? 由此净秽不定而引发的境相不实论,是由一般共许的事实而推论到的,给予后代境空心有论的影响,确实是很大。

这时期的经部譬喻师,不但主张境相不实,连"根"也否认其实在;这,必须别用理由成立。这理由,已不在主观心理上解说,是在根境本身上直接指出其不实。这与有部的见解,是大大不同了。如《正理》叙其计云:

> 上座作如是言:五识依缘俱非实有,极微一一不成所依所缘事故。……极微一一各住,无依缘用;众多和集,此用亦无。(卷四)
>
> 上座……作如是说:眼等五根唯世俗有。……五根所发识,唯缘世俗有,无分别故,犹如明镜照众色像。(卷二六)

经部的意思说:根是识的所依,境是识的所缘;根境之得名为根境,就正因为是识的依缘。可是在依根发识的时候,一一单独的极微是不能发识;具足发识能力的根,是众微的和合聚。和合的是假有的,原则上是大家承认的。现在,根之名为根的发识作用,非一一极微的法体所有,也不在众微和合上,所以根不是实有的。境也是如此，一一极微是见闻所不到的，不能作识的所缘境；识所缘到的是众微和合相；众微和合既是假相，识所缘的境当然是假而非实的。这是在依缘作用是和合缘有的思想上建立的；从前五识境是众微和合假有，推论到五色根亦是众微和合的；由十色处的假合不实，推例到意法二处也是不实，完成了十二处皆是假有的结论。这是经部根境非实的基本见解。有部则不然，他以为五根发识取境，是能得法自相的。因为经部主张五根是假，境也是假，五识不能得法自相，于是他们诤论起来了。

本来，大家同样的说假有，而假有的含义不同。经部说：我们平常五识所取得的境界是和合假有的。有部认为假不离实，假有，只是实有法在和合相续用上的依言安立，不是毫无实在的根据。所以，有部学者批评经部说：

非和合名，别目少法。（《正理》卷四、《显宗》卷三）

这说：和合假不是离开真实的另一东西；事实上指不出离开真实之外另有存在的假有可以作所依所缘。假有，只是由意识名言分别，在实有上安立的名字。这名言安立的，能为识所依所缘，应有实在性。他从假实不异的见地去说明的。经部说：假有，显然是我们认识所现见到的，虽然假有不是离开实有的历然别物，但五识所缘到的，确是假有的。假有与实有不同，他是从假实分离的见地去说明的。后代大乘唯识批评他们说：有部是"有缘、无所缘"，极微实有，可以作成立能生的缘力；但不是五识所能取得的。经部是"有所缘、非缘"，众微和合的色等境界，确是五识所缘到的，可以为所缘；但是假法，缺乏能生的缘力。这批评还是站在有宗的立场上发的,认"缘"与"所缘",都需要有实在性。不过,我们借此很可以看出有部、经部二者假有说的不同所在。

据唯识家的传说,众微和合说有三种:一、萨婆多部古义主张和合有不离一一极微,由一一极微起和合相,和合当体不离极微,假不离实;依此建立缘与所缘,而五识可以缘到胜义有。二、经部师认为我们只缘取到和合假,取不到极微;和合的当体不是极微,故境是假有,五识只是缘取世俗假有法。三、正理论主,传说他主张和集有,一一极微有力量能生识,也能聚集现起和合相作所缘境;此和合相,存在于一一极微上,他不能否认所缘是和合相,但为避免混同经部的和合假相,所以仰推和合相,使存在于一一极微上。由此,大致可看出:有部是和合相不离一一极微,故和合可以实有;经部是和合非即极微,故和合唯是假有。

到了《顺正理论》时代的经部譬喻师,对假有的范围已经发挥得很广泛了,不但根境是假,过去未来、不相应、无为法都是假的了。所以,他的假有义,不能单以和合假一义限之。对这多方面的假有义作一种总括的说明的,很可援引与经部极相符顺的《瑜伽师地论》第一百卷的一段文。《瑜伽》百卷在叙述摩怛理迦总义的时候,说有六种假云:

> 又此假有略有六种:一聚集假有,二因假有,三果假有,四所行假有,五分位假有,六观待假有。

第一聚集假,即指众微和合的根与境。第二因假有,指未来法,未来无实,现在法能为因引生未来法,约现在法为当来因,假名未来法。第三果假有，指择灭无为；经部不许择灭是实有，是依修行因，使令烦恼与苦蕴不起，约修道因所得的果，假名择灭无为；它只是烦恼苦蕴的否定，不是实有。第四所行假，谓过去法是曾经活动流行过，依现在说来，是假非实，但不如龟毛兔角之全无其事，故名之为所行假。第五分位假，指依色心变易活动过程的分位假立的不相应行法。第六观待假，即非择灭与虚空二种无为。虚空是观待色法安立的，约色法的否定，显示假名曰虚空。非择灭，谓他本来可以现起为有，兹因缘阙不起，观待其可能现起，假名为非择灭无为，不是别有实体的。这六种假有，实际上就是根境、未来、过去、不相应行、无为法的假有。《瑜伽师地论》本来有许多思想是袭用经部的，而摩呾理迦又是经部的论典，所以以这六种假有来总括经部的假有说，是极其符顺的。而经部假有范围之宽，亦于此可见了。

经部譬喻师假有法的范围虽这样广，但到底还是承认有实在法。如说过未无而现在有，蕴处假而界是实。所以《正理》卷五八叙经部计云：

> 蕴唯世俗，所依实物方是胜义。处亦如是。界唯胜义。

假法所依的是实有，可说与有部同；不过，他不是在认识论上"所缘必有"上建立有，而只在现在法的因果性上说明，故主张十八界是真实。界，是由过去因引生的现在正生之果法，而又为能引起未来法之因；此望前为果、望后为因的当前因果性法，是实在有的。经部假有的范围尽管很宽广，终究还许实有，故与一切皆唯假名，还有相当的距离。

其次，再检讨成实论师的假有义。

成实论师的思想，出入于经部、有部，其第一重二谛的假名有，与有部的思想很接近，都是约因缘和合安立的。如论卷一一说：

> 从众缘生，无决定性，但有名字，但有忆念，但有用故。……此经中遮实有法，故言但有名。

他对假名有与实法有的判别，还是用的萨婆多古说的和合假义，如四微和合为假柱，五蕴和合为假我。对过未法等，虽也认为非实，但未予详细的说明。假有为什么非假不可呢？论卷一一说：

> 又有四论：一者一，二者异，三者不可说，四者无。是四种论皆有过咎，故知瓶等是假名有。一者，色香味触即是瓶；异者，离色等别有瓶；不可说者，不可说色等是瓶，离色等有瓶；无者，谓无此瓶。是四论皆不然，故知瓶是假名。

他在讨论假名与实有的关系时说到这四种论。如色香味触四微和合成瓶，这极微与瓶的关系如何呢？抉择分别所得的结论，总不出是一、是异、一异不可说，或根本否认的四种。有人因为不了解假有的意义而根本抹杀实有，成论师是反对的。有，则必依实有建立假有，其假实的关系，不是一，就是异，不然就是非一非异的不可说；总不出这三种主张。成实论主自宗是主张一异不可说。因为五蕴和合为我，如蕴与我是一，那么，我是一个，则蕴也不应有五。或者我应如蕴，也成为多我。故说蕴与我是一，不能成立。若说是异，事实上并没有离四微的柱、离五蕴的我,所以也不能成立。却也不能说没有极微与柱,没有,则是破坏因果(成实论主已经批评大众的一说部及大乘的一切空宗了)。一、异、无,都有过失,不能成立,那只好承认极微与柱的关系不可说是一是异了。这不是与犊子的不可说我相混吗?不,犊子以为有一"不可说者"存在,成实论师则认为"不可说"是假有,是从否定上说的;论卷一一说:

但于假名中,为一异故说不可说。

因柱是假名法,不可寻求自性,不可说它与实法是一是异,故名"不可说";不应在这不可说上去别计一个实在性;所以它主张不可说的假名有(我柱等),却不赞成犊子系的不可说论。不了解这点,从肯定面去理解"不可说",必然要和犊子的不可说合流。

总观诸家,有部的假名有侧重在与实有是一的意义上,经部侧重在是异上,成实论主则老实说是不可说。他说明假有的和合假义与有部同,而假有范围之广近于经部;不过,如经部"无根无境"的思想,则斥谓非经中义,是论师的臆说。成实论师在这第一重二谛上,假有是依实建立,有假也有实。到第二重二谛时,虽说因果法的色等五蕴非真实有,而见法空;但若直说一切唯假名有,则不能同情。他以为须先用真实对治假有,再用真实的如幻如化了达法空;一下手就说一切法空,是破坏因果的错见。这到下面明法空时再说。

第二目　假施设之我

佛法主张无我,契经中处处有文证,这是不成问题的。但有情是现实的存在;执著实有自我为出发,去争取造业,这个"我"应该否定——"无";至于有情因缘相续之我,还是需要安立。主张无我,又要安立我,是极大的困难;所以佛教中大小乘一切学派的分化,与我的安立有密切之关系。我的安立不善巧,则难以体会空义,不能成为究竟了义的佛法。所以,我的安立,是佛教中的重要论题。

学派分流中,"我"的安立有假名我(萨婆多部等)与胜义我(犊子部等)的两大派。其实,这是理论所逼出的差别,最初都是依蕴处界而安立的,是同源异流,不是截然不同的两条路。因为,假安立我的"假",古人有"假有体"与"假无体"的诤辩,所以影响到"我"的说明不同。此外,另有依心识安立我的学派,主张一心论的经部师等就是。《成实论》也说到他宗的心识是一是常,依之建立一个有情。这纯依心体真常而立我,是大众分别说系的主要思想。它与空义的关系很疏远,所以此处不想说它。

依蕴处界安立我的,以萨婆多部为根本,知道了它的主张,对其他学派的安立我,就更容易了解。有部对于法,分析了体与用。这体与用的关系,顺正理论主说是不一不异的。约法自体说,法法恒住自性,恒恒时常常时如是如是安住。约从体起用说,依他法为因缘,使安住未来位的法,生起作用,拦入现在位;但作用刹那就谢灭了,而法体还是恒住,不过转入过去位中。就从这"用"的本无今有、已有还无,分别未来现在过去的三世;同时亦即依此作用说明法法的因果关系。用从体起,用不离体,所以作用也可说是实在的;诸法的作用,也还是各别的。但从用与用间的相涉关系上说，仅是作用的关涉，并未成一体；所以和合或相续的一，是假名的，是世俗的。他们从体用差别的见地出发，说到补特伽罗我，认为是在有情活动的世俗假名上安立的；是种种法起用和合的假相续，必须这样才能够说明从前世到后世的移转。虽然假名（和合相续用）不离实体，但终究是世俗假立的。诸法体用，各各差别，如执为一个实在的"我"是绝对错误的——不管执的是五蕴全体之我或一一蕴之我都好。有部他们，除了假名我，还建立一个"实法我"，指一一法各各不同的别体，如住自性，独立常在，互不关联和合；虽可约三世等分为一聚聚，但是绝无关涉的。这二种我，如《婆沙》卷九说：

> 我有二种：一者法我，二者补特伽罗我。善说法者，唯说实有法我，有性实有；如实见故，不名恶见。

依法自体，说有"法我"，是不错的；执有补特伽罗我，才是愚痴错误，是萨迦耶见。有部所说的这种"法我"，不是平常说的"我"，而是诸法的体性。

有部从体用差别论，分别假实的二种我；但体用是难以划分的；从它分出的支流，或有安立不同的补特伽罗我。如《正理》卷三、《显宗》卷二里说有二派：

> 有余师说：谁于法性假说作者，为遮离识有了者计。……复有说言：刹那名法性，相续名作者。

第一派说作者我（补特伽罗我）是在诸法的真实体性上安立的；第二派说法性是刹那的，互不关涉，不能安立我；要在作用的前

后相续上才可建立。这两种思想,各有所见。第一派认为:外道
在离现实心识之外去妄计作者我,是错误邪执;所以在不离五蕴
的法性上安立我是正确的。这近于即蕴我的思想,在学派中确
有这种思想;如《法句经》说"自调伏我能得解脱",但经中又有
说"调伏于心能得解脱",把我建立在即蕴的心识上,作为解脱
时调伏的对象,这是他们有力的教证。所以说:外道离五蕴心识
执我,应该破斥,即在蕴上安立我是正确的。第二派说:法自体
性是念念恒住自性的,在智慧分析观察之下,是互不关连的各各
独立体,即在它起用时,也只有一刹那,不能从前到后,这无论如
何不能建立我;我必须是前后相续的。平常说的"有情"、"数取
趣"等我的异名,本都是在从前生到后世的相续意义上说的。
《成实论》也说五蕴和合的前后相续为我(他把心也分为刹那心
与相续心的两种)。此两派,于五蕴上假安立我,思想的分歧,
在对法体与作用看法不同。第一派说法体为我,有部正宗当然
不能同情;第二派说依用立我,但完全约前后相续的时间上说,
有部正宗认为还是错误。我,应在同时的全体活动上建立。法
法恒住自性才是法体;同时间内,只要起用,作用虽各别,但发生
彼此的关系,就可以安立假名我,不必是前后异时相续的。

　　其次,《异部宗轮论》里叙述建立我的学派,有经量、犊子二
部。第一,叙经部本计说转部的主张云:

　　　　其经量部本宗同义:谓说诸蕴有从前世转至后世,立说
　　　转名。……有根边蕴,有一味蕴。……执有胜义补特伽罗。

胜义,是世俗假名的对称,就是真实。"胜义补特伽罗",当然就

是真实我。这我，能"从前世转至后世"，是在前后相续上建立的。说转部又另说有"根边"与"一味"的两种蕴。他们分析法为二类：一是微细说不出差别而平等一味的，叫做"一味蕴"，就是有部所说的法体。一是从这一味法体（根）生起的作用（边），叫做"根边蕴"。不过单引零碎的《宗轮论》文，意义是很暧昧的。《大毗婆沙论》卷一一也说到二蕴的主张，很可借它把《宗轮论》文连贯起来。《婆沙》云：

> 有执蕴有二种：一根本蕴，二作用蕴。前蕴是常，后蕴非常。彼作是说：根本作用二蕴虽别，而共和合成一有情。

常住的根本蕴就是《宗轮论》的一味蕴；无常的作用蕴就是根边蕴。实际上也就是有部所说的法体与作用。法体恒住自性，所以是常（虽然有部不许法体叫做"常"）；作用生起，刹那即灭，所以是无常。"根本作用二蕴而共和合成一有情"，就是说：在这常住与无常二蕴的总体上，建立起我（有情）来；这我，就叫"胜义补特伽罗"，它就是真实我。依这我，可以从前世移转到后世。他从体用综合（作用的互相关涉，不离法体的互相关涉）的见地建立起我。由此，可见得他与有部的不同。有部历然地分别了实法我与假名我；只能在作用假名上安立补特伽罗我，绝不许它有体。有部的假名不离实体，本来也已经有了充分的实在性了；可是一谈到补特伽罗我的时候，则必强调否定之曰"无我"，把体与用严格地分开，把用的关涉如一，从法体各别的见地上分析；所以，法的体与用，有部以为绝不容许看作综合的。经部本计的说转部却不同，它从有部分流出来，观察有情流转的前生后世间,应该有个常住相续的连贯者;于是他接受了有部的体用说,却又把体用综合起来,建立成为胜义补特伽罗。其真实性,是比有部更强化了。

第二,犊子本末五部都计有"不可说我",如《俱舍论》卷二九云:

> 犊子部执有补特伽罗,其体与蕴不一不异。

他们在"与蕴不一不异"的不可说上建立起真实我。一切有系的萨婆多部、经量部们,将假与实严密地划分开,假的本身绝没有实在,而又是依实体安立。设若是实体的,则不能说依他法安立;依他法安立的,必定是和合假有的,不能说是实在。这是有部的基本思想。根据这思想,有部对犊子的不可说我无法赞同,而力予破斥。如《俱舍论·破我品》里世亲论主就责问犊子计不可说我为假为实? 假则无体,不能立为真实我;实就不应说依蕴安立。但犊子的答复说:

> 非我所立补特伽罗,如仁所征实有假有;但可依内现在世摄有执受诸蕴立补特伽罗。……此如世间依薪立火,如何立火可说依薪,谓非离薪可立有火,而薪与火非异非一。……补特伽罗与蕴一异俱不可说。

有部所谓的"假"与"实",在犊子根本予以否认;所以,"我"只是依现前有情身心五蕴安立的,假实的问题,尽可置之不答。《异部宗轮论》也说:

> 补特伽罗非即蕴离蕴,依蕴处界假施设名。

不可说我,还是同有部的假名我一样,在蕴处界上施设安立的。不过,不同有部的假实分别。有人以为:既是假施设立的,就不应该是真实我。其实不然!因为犊子他们对于假实的看法根本不同。须知,假则非实、实必不假的这种假实论,是有部学者割裂了体用而倡说的。事实上,体用是不能分的,有部自己有时也无法否认;所以《顺正理》卷五三里也说法体与作用的关系是"非一非异"。我们若拿他责难犊子的口调,反问他那法的作用到底是假是实,他还是只有来个"假不可说"的双非论。犊子主张用不离体、摄用归体,在作用上就可以去窥见法体。所以"我"也即在体用不相离上建立。对不可说我的认识,不必另外有能见的,就在寻常眼见色耳闻声六识的统一上便能见我(不过见我与见色闻声的见也有所不同,所以是不一不异)。因此,也就在现前五蕴身心活动的内在统一上建立为我,不是离开现前五蕴别有所立(虽也不是现前各独的一一蕴为我)。正因为他这样主张即用见体、摄用归体,是综合起来的,所以不必去分别什么假与实。犊子与说转,都主张有我,而且都是有实在性的我;这思想在声闻学派中占有重要的一席地位。后起的经部师虽别作种子与现行的说法,其实这还是在二世无体的理论逼迫下,将说转一味、根边二蕴转化过来的。犊子因为许三世实有,摄用于体,所以始终坚持其即五蕴和合上立不可说我的主张。有部的假名我,偏在作用上假名安立;说转与犊子的真实我,在体用的不离上安立。同是假施设,有部在假实分别下成为假无体的结论;犊子在假实综合下,成为形而上的不可说我,是结论到假有体上。

其次，说到经部譬喻师的主张。譬喻师义近大众分别说系，侧重在心识上建立我；不过，也可说是依蕴处界安立。他与有部主要的不同在于：有部以为执著我我所的萨迦耶见是有所缘的；他则主张是无所缘的。如《婆沙》卷八说：

> 譬喻者作如是说：萨迦耶见无实所缘。彼作是言：萨迦耶见计我我所，于胜义中无我我所，如人见绳谓是蛇，见杌谓是人等。……（自宗云）：萨迦耶见缘五取蕴计我我所，如缘绳杌谓是蛇人，行相颠倒，非无所缘。

萨迦耶见执我我所，他的所缘究竟是什么呢？这在学派中被诤论着。有部认为即是所缘色等五取蕴。不过凡夫见五蕴时，行相错乱，所以执著有我。虽执著有我是错误，但这只是认识行相（心理认识的表象）的错误，对象上的五蕴，不但依然实有，而且说不上错误。拿执绳为蛇作执蕴为我的譬喻：有部的解说侧重在绳上；虽然非蛇见蛇是错误，但只是认识的错误，对象的绳是实有而且不错的。所以，“破我”所破的只是心识上的错误行相，并不是所缘的实在五蕴。于是他成立了萨迦耶见有所缘的主张。这主张，经部不许，他说：萨迦耶见应该是无所缘的，因为对象上根本没有我之为物，无我而执我，所执所缘岂不是无吗？对于执绳为蛇喻，他侧重在蛇上解释；对象上实在没有蛇，所以萨迦耶见是无所缘的。一主有所缘，有五蕴为所缘故；一主无所缘，五蕴非我故。譬喻师的思想是属于假有的；他的假有义，在学派中是很强化的。

成实论师也说有假名我；假名我与实法的关系也是不一不

异,所以也名为"不可说"。不过,这不可说与犊子的不可说不同。犊子以为在"不可说"上有一种实在性,成论师谓"不可说"是假名,因为假名法一无所有,无所有的法,不可说如此,不可说如彼,所以叫不可说;故他否认了真实我的存在。同时,他主张萨迦耶见是无所缘,与经部师相同。

　　真正地说:我是因缘和合的;同时也好,异时也好,在五蕴和合活动相续下,总有其作用。经中说我是"但有其名,但有其用";真实自体的我要无要破,却不能抹杀和合相续的作用。所以在实体上不可说有我,在假名上也不可说无我。连假名上也说无我,不但与世相违,成论师且斥之谓是破坏因果的邪见。不过,声闻学者纵使说假名,或偏重假有,或在即体之用,或在体用不离上建立我,都是从分别假实关系的观念出发的。一般人的认识也容易生起这种观念;如海水的波浪,有此浪与彼浪,才会发生互相的影响关系。常人的观念,总以为至少要有两个以上的波浪,才可说明关系。其实不然,任何一个浪,都是在关系下出现的。诸法也如是,在显现其法的特性上说,必是从种种关系下显现出来的;法法都从因缘生,即其作用形态,就可与他法发生关系。自从有部把体用截然割裂为二以后,缘生的意义隐昧,于是一切难题都来了。要到大乘佛法综贯起体用以后,才算得到解决。不过,大乘的体用综贯与犊子的看法大不相同。犊子把体用综合了,说是不一不异不可说,而认为是有实在性。大乘则从空义上出发以综贯之,法法皆假名,没有实在性;但法现起的时候,其作用与此彼关系,都可安立,在时间上的相续也可安立。安立下的相续固然是假,一一法本身也是假;虽假,却并不是无，还是有其作用；蕴法固然有蕴法的作用，补特伽罗我还是有补特伽罗我的作用；所以龙树说："我法皆从因缘起。"大乘空的思想，表面上看虽与犊子大不相同，但其补特伽罗我还是叫做"不可说"，不过是假名无体而已。分别体用，把体用打成两截，再摄用归体，以体为中心，成犊子的不可说我，连假用也是实有。否认了实体的存在，扩充了假名，于是大用流行，成为法法皆假名、法法无自性的大乘空义。

第三项　法体假实

第一目　过现未来

　　说明过现未来三世有无的问题，须先知道佛法中对于时间与法的关系，最初有着两派主张。从后代一切大小学派看来，时间是依法之流动建立的，离法之外，并没有时间的别体单独存在。但是古代的分别论者及譬喻论师曾有过时间别有实体的主张。如《婆沙》卷七六及一三五说：

> 　譬喻者分别论师彼作是说：世体是常，行体无常。行行世时，如器中果从此器出转入彼器。……为止彼意，显世与行，体无差别。

他们主张时间（世体）是常住的，固定的；诸法（行）是无常的，流动的。诸法的流动，是在固定的时间中流动着，如像果子的从这盘子（未来）到那盘子（现在）的情形一样。西洋哲学中也有着相同的思想，他们说，时间是个架子，宇宙万有的活动就是在时间架子中活动。这种思想，后代的佛法中是没有了，大家都把时间放在分位假立的不相应行里，不会认为有实在体。我们现在讨论过现未来的有无问题，是讨论法的有无，不是讨论时间本身的有无。

最初主张过未无体的是大众系，接着是上座分别说系，后来一切有系的经部师也采用了。主张三世实有的为说一切有部、犊子本末五部、化地末计，及案达罗学派。思想上主要的是过未无与三世有的两大阵营（虽然也有其他小派）。两家的诤辩相当的热烈，详见《成实论·二世有无品》、《俱舍论》卷二〇、《顺正理论》卷五〇、卷五二等。

时间本是很难了解的问题。对于过去现在未来的三世，有两种观念：一种从过去看到现在，看到未来，如我们常人一样，这是相续论。另一种则从未来看到现在、到过去；不是在相续相上说明，而是从一一法的刹那上说的。刹那与相续，本是时间的两面。时间，一面是不断长流的相续相，一面在相续流中也可以分析为年月日等阶段，分析到最微细的单位，就是刹那。时间，本就含有相续性与可分性的两面。在法的刹那单位上，考虑其未生以前是如何，是否有所存在？灭了以后又如何，仍然存在没有？对未生已灭之有与无，各有所侧重，于是学派中就有了过未无体与三世实有的两大阵营。

且先一说有部的三世实有论。在有部基本的假实分别中，相续是无自相的假和合用；要说有实体，则必是在最短时间的刹那上安立的。进一步探讨这刹那法未生之前、已灭之后是否存在呢？有部的答复是实有存在的，只是缺乏作用而已。这是他著名的三世实有论。本来,释尊说法,是三世平等观的,并不曾强调现在;教诫弟子们不要爱取执著,则说三世都不要爱取:不要"顾恋过去,欣求未来,耽著现在",是根本圣典中处处可见的文句,这充分表现了三世平等的思想。所以,三世实有,或许还是接近如来本教的,在原则上是可以接受的。萨婆多部的学者,直承这个思想而加以理论的考察,避弃了相续关系,在刹那上建立起肯定的三世实有论。其理由,可以归纳为三点来说明:

一、有当果故:有部学者在因果论上考察,有如是因必有如是果,现在法刹那过去,不能说就没有了;没有,怎样可以感果呢?经上曾说,过去灭坏而非即无。所以,过去法是应该有的。过去既有,未来自也可以例推是有。二、必有境故:有部以为认识是要有实在对象的;那么,过去与未来的法,都是可以认识到的,必定是有实在性的。这是从认识论上考察而建立的,后代侧重这认识论上的理由,但这却不是三世实有论的出发点,因果论的考察才是更基本的。这二种理由,详见《俱舍论》卷二〇,现在不去详引了。三、自性有故:《瑜伽师地论》卷六破十六种异计,其第三种为实有去来论,是意指萨婆多部在内的。论中叙其去来实有的理由云:

> 若法自相安住,此法真实是有;此若未来无者,尔时应未受相。此若过去无者,尔时应失自相。若如是者,诸法自相应不成就,由此道理,亦非真实。

有部的意思说,凡是有自相安住的法,则是真实有的;凡实有的法,必定是自相安立的;自相安立的,就应该能够独立存在,必非由于某些因缘的和合而有，因缘的离散便无。所以只要是自相安立的法，则不但现在是有，未来过去也还是有的，至于从未来到现在"本无今有"的生，与从现在到过去"有已还无"的灭，这生灭现象，只是和合相续的假像；那一一法的自相真实有，是没有这有无生灭的现象的。所以他虽安立三世，而认为诸法在三世中是平等皆有的。虽有这三种理由，总其主要点，一面在时间上侧重到刹那单位上，一面在考虑过未因果的建立；于是坚树他的三世实有论。

实有存在的都是法法恒住自相，没有"本无今有，有已还无"的三世可说。然则如何建立三世的差别呢？《俱舍论》中虽叙有四家之说，但大体上都不许实法上有"本无今有"之生、"有已还无"之灭；生灭只是世俗假名，非胜义有；三世差别都是在法的作用、法的相续流布上建立的。同时，假必依实，用不离体，作用还是有其真实；所以也不同三世假有论者的说法。《顺正理论》卷五二、《显宗论》卷二六云：

> 约作用立三世有异：谓一切行作用未有，名为未来；有作用时名为现在；作用已灭名为过去；非体有殊。此作用名为何所目，目有为法引果功能，即余性生时，能为因性义。

在《婆沙》里并未分辨功能与作用的不同。不过，为了要说明过去未来法非毫无作用，但又与现在法的作用不同，故别为二：一、在种种因缘和合下发现的引生自果的力量叫作用，唯属现在的。二、其他种种引生他法的力量叫功能，通于过未。如是，依此作用的未生名未来，正生名现在，已灭名过去，建立起三世的差别；

而真实的法体,则仍旧是恒住自性三世一如的。在这里,假使有
人诘问他法体与作用的关系如何? 是一呢还是异呢? 正理论主
归结到不一不异;如卷五二中说:

> 我许作用是法差别,而不可言与法体异。……法体虽
> 住,而遇别缘或法尔力,于法体上差别用起,本无今有,有已
> 还无,法体如前自相恒住。……体相无异,诸法性类非无差
> 别,体相性类非异非一。

在三世假实的净辨,古代有一种很特殊的思想值得注意。
如《婆沙》卷一三说:

> 有说过去未来无实体性;现在虽有,而是无为。

这是一家过未无体论者,只许现在有;但又不同经部的现在有为
法有,而主张现在法是无为的。《异部宗轮论》里说大众分别说
系主张"现在无为是有",平常总解释为现在法与无为法是有。
除此,汉地所传、锡兰所传的声闻学派中,都未闻此说。若照
《婆沙》看来,《宗轮论》文应解释作现在法就是无为,而且是实
有的。只因资料缺乏,不能详为考订。不过,这思想在后代大乘
里是充满了的;一切法是念念恒住如如不动,没有过未差别,就
在当下把握。至于我们平常感觉到的从未来到现在,从现在到
过去的无常生灭,只是法的假相,不是真实。这思想或是大众系
的;它比过未无而现在有为派,更能接近有部的见解。有部说:
一切法三世恒住,只在作用上分别过现未;此一派说:凡是实在
的,都在当下法体恒存,根本没有三世差别,不用谈过未。这二

者的出入很有限；只是一者侧重在不离体的作用上立三世，一者直从恒住的法体上立现在，扬弃了假名虚妄的过未（有如有部法体的恒住）。根本大众部二世无的思想，在现存的文献中不见详载，故这虽是片文只语，也是值得注意的。

此外，平常说的二世无体的学派，可以经部师为代表。经部出自有部，而采用了大众分别说系的见解，可说是二者折衷的学派。他主张过未无体，同于大众分别说，但又不同大众系的现在是无为、现在有体而是有为的思想，还是立本于上座系的。经部师认为有部的法体恒住三世实有，无法安立三世差别。虽然有部拿作用的本无今有、有已还无来解说，但法体与作用的关系是一是异呢？若如有部所说用不离体，作用就应如法体一样早已存在于未来，仍然继续于过去，恒常起用才对。三世实有论者的三世差别是永远无法说清的；要建立三世的差别，就得承认有"本无今有、有已还无"的事实。同时，如三世恒有，佛教"诸行无常"的基本命题就被否决了；因为，无常必然是生灭变易的。有部的三世法体恒住，从体上说是生灭不变易的。所以《俱舍论》卷二〇，有一偈颂讥笑有部主张的矛盾，简直和自在天能作说一样的可笑。如云：

> 许法体恒有，而说性非常，性体复无别，此真自在作。

过去未来不同现在一样的实在性，这是常识的事实。但也不能一概抹杀，它与龟毛兔角的绝无其事者不同，应有它的意义。《俱舍》卷二〇说：

> 但据曾当因果二性，非体实有。

这是说：约曾当因果的意义，说明过去与未来。经部认为因果性的相续诸行是真实的；凡是相续诸行的存在，必有所从来，于是推定能感现在法的因，说为过去。同时，现在法中应有生起后法的可能性存在（不然世界人类就要绝灭，不能维持相续下去），就约这现在法的能生功能性，说为未来。过去与未来，都是约现在相续诸行从前因引发，能引生后果的功能性而说明安立的，所以"体非实有"。不过，这样的安立三世，也是有着困难：现在的心法有了别作用，色法有变碍作用，这存在于现在的过未功能性，是否能够生起了别用、变碍用呢？能够生起作用，则与现在法没有差别；不能生起作用，就不能知道它是色是心，也不能说它是色是心；没有作用，即无法证明它的存在。有部的过未有体而无作用，在"体用一异"的征难下，感到困难；经部的过未无体而功能存在，这功能无了别等实际作用，在对方的征难下还是感到困难。有部安立三世差别的作用，与法体的关系是"非一非异"；经部安立三世差别的功能性与相续诸行的关系，也是"不一不异"。如《顺正理论》卷五二叙经部计云：

> 于相续住，虽前后念法相不殊，外缘亦同，而前后异。……法相续时，刹那刹那自相差别，本无今有，有已还无。

经部的非一非异，不等于有部体用的非一非异吗？所以经部的思想，有部有对他很不满的一点：过未无体，则从未来到现在，从现在入过去，就是"从假而实，从实而假"，这简直不成道理。如《顺正理论》卷五〇论主难云：

又未曾见前后位中转假为实,实为假故。……去来今世,前后位殊,如何可言去来二世体唯是假依现在立?

后代经部师,如上座的"随界"、世亲的种子等,都说非离现在相续有别体,而说是假有的;这在大乘唯识学里就是种子假有的思想。总之,经部的三世思想,一面过未无体,现在实有又是流变不息的,不同大众系的现在无为实有;一面重在诸行的相续(约现在假立过未,即是从相续上说的),不同萨婆多部的重在诸法的刹那。有部与经部的分歧,就在刹那与相续的各有侧重;因之,在小乘中就有以有部为主而分为三世实有与过未无体的两派。

最后,一谈折衷的饮光部(属分别说系)。他说现在法有;过未法呢? 南传《论事》第一品中说他主张:

过未法一分是有。

这是说:过去法未来法,不同有部那样的全是有,也不同经部师的全无,其中都有一分是有。但汉译《大毗婆沙论》卷一九,只说它计过去一分是有,没有说到未来。如云:

有执:诸异熟因,果若未熟其体恒有;彼果熟已,其体便坏;如饮光部。彼作是说:犹如种子,芽若未生,其体恒有;芽生便坏。

这是在建立业感因果时说的。过去已造的业,在没有感果以前,不能说完全没有;若没有,能力完全不存在,如何感取现在或未来的果报呢? 不过感果之后是要取消的;"有受尽相"的,受尽以后当然没有。这与有部经部都不同：有部的三世实有，业力感果后仍是存在的。经部以为业力都是熏集在现在的，不会有实在的过去。中国所传说的都只说到饮光部的过去一分是有，南传的未来也有一分实有，不知作何解释。

第二目　蕴处界

蕴、处、界是释尊分析说明有情的三种法门。在根本圣典上看，不但没有说它假的，反而说是"一切有"；因为蕴、处、界都是现前有情的具体事实，所以，如萨婆多部的解释为一切皆有，不分别此实彼假，可说是直承于佛说的。不过从另一方面看，如在蕴、处、界的名称含义加以理论的考察，却又很可引生其他的思想，而并不违反佛说的。这，大致有三派：

第一，说唯十二处是实有，如《顺正理》卷五一、《显宗》卷二六云：

> 刹那论者，唯说有现一刹那中十二处体。

这见解是根据根本圣典的，佛说"一切有"，确是约十二处说的。《正理论》中叫他做"刹那论者"，可知是过未无体派的一种主张。他为什么说蕴与界非实有呢？论中没有解释。不过，蕴的非有，可以经部等的主张例知。只是界的非有，不得其详；或许如蕴的积聚故假，将"界"作种类解释，故说是假。为什么唯说处是实呢？佛说十二处为一切有，处是依有情存在的内外关系上安立的，是说明有情最重要的法门。

第二，经部师主张唯界是实，蕴处为假。《顺正理论》卷五八叙其计云：

> 蕴唯世俗，所依实物方是胜义。处亦如是。界唯胜义。

蕴与处的非实，必须分别说明。一、蕴是积聚义，是总略性的类名；如经中说的有十一种色，总略名之曰色蕴。蕴是和合积聚的，所以是假。《俱舍》卷一即曾说到此义。如云：

> 蕴应假有，多实积集共所成故，如聚，如我。

有部为什么把积聚性的蕴也说是实在的呢？《俱舍》卷一（《顺正理论》也同有此解）载着他的解说，蕴是"聚义"，是"聚之义"，是以一一实法为体性的积聚，从法体上说，还是实有。他的观点注重在聚中的一一法，忽视了总聚的本身。有部师的意思，蕴之"聚义"，并不是说聚，而是说一一法；如说"人类"如何如何，并不是离开一个个的人说明另有类性，即是从人类的共同性，说一个个人如何如何。经部师以为：既是总聚，就该是假；正因为不是离开个别的人有"人类"，可见"人类"一名是假。二、经部又以十二处为假有，这在上面曾经说过。有部以为：处是"生长门义"，有作用，能生于法，应该是实有的。至于经部的主张，如《顺正理论》卷四说：

> 如盲，一一各住无见色用，众盲和集见用亦无。如是极微一一各住无依缘用，众多和集，此用亦无。故处是假，唯界是实。

思想的分歧，在二者对于作用的见解不同。有部说：根境和合生识，虽没有作者士夫，但在和合关系中，不能说没有根境的自体作用;如眼识生起见色,虽另须光线等缘,但见色不能不说是眼根的作用;见它是青,而知道不是黄赤白,这也不能不说是境的作用;所以虽是和合,仍是一一法的自体作用。《顺正理论》卷七有一段文,正是说明这见解:

> 谓有为法虽等缘生,而不失于自定相用。……眼色及眼识等,虽从缘生,而必应有种种差别决定相用。由此差别决定相用,眼唯名眼,非色非识……。

经部的主张不然。这些作用,只是因果和合的,不能割裂开说,某用属于某法,而一一法有一一法的作用。此如《俱舍》卷二所说:

> 经部诸师有作是说:如何共聚撮摩虚空? 眼色等缘生于眼识,此等于见孰为能所? 唯法因果,实无作用,为顺世情,假兴言说,眼名能见,识名能了。

经部师认为作用是假有的,眼见色、识了境等,只是在因缘和合下,依世情假安立的言说。否则,你说眼根本身就具有见色的作用,那就应不待因缘,常见不息。既待因缘才能见色,可见"见色"的作用并不是眼根自体所已完成的。这如《正理》卷二六所说的:

> 彼上座言:契经中说识是了者,此非胜义,是世俗说。若是了者,是识亦应说为非识,谓若能了说名为识,不能了时应成非识。

这思想很接近大乘空宗,龙树提婆的破根自性,也是用的这种论式。根境和合发识,在原则上是大小共许的;不过,有部计此发识的作用为实有,他以法体为中心观点,摄用归体,一一法有它自体各别的作用,所以用是实有。经部的否定作用之实在,即是否定的这种自性用。如是,内外六处皆非实有,只有那因果性的十八界才是实有了。

本来,十二处是假的主张,并不是经部首倡的。大众系中的说假部,早就作如是说了;如《异部宗轮论》说说假部主张"十二处非真实"。同时又说他主张苦蕴不实,如云:

> 谓苦非蕴。……诸行相待展转和合假名为苦,无士夫用。

苦蕴是展转和合的诸行聚,故是假有。这也有着蕴是假有(积聚假)的思想。所以经部蕴与处的非实,都可以在大众说假部中找到根据。它从萨婆多部分出后,是很强化地采用了大众系的思想。

第三,俱舍论主的主张。俱舍论主出入于有部经部之间,倡说唯蕴是假,处界是实。蕴的积聚假,界的因果真实,都同经部。至于十二处,他认为和合相虽是假的,处的一一极微还有作用。论中卷一说:

> 多积聚中一一极微有因用故。

因此,处是实有的。这思想接近于有部。

综合观察一下:蕴处界假实中,最重要的是十二处的假有,它给后代的影响最大。五蕴的假有,只在它的类聚上说明;十二处非实,是直接在根境的法体作用给予否定;依此而广为发挥,可以达到所知的一切法空。有部的说一切实有，是从机械分析中去辨认真实；后来，佛弟子们渐渐了解到各别的一一法是不能建立因果相续的，机械的单元，无法说明彼此的因果关系；要建立要说明，就必须在和合上，于是渐渐向假有无实的路上进展，终于达到大乘的一切空宗。而萨婆多部一一法的单独性，不能成为佛教界的共同倾向。不过有部的说法，如某法与某法有特殊关系等，其意义还是值得注意，不然，因果将会成为一团混沌。

假实法的问题还很多。色法、心法、不相应行法的假实，这里不想去谈它。无为法的假实，到下面讨论理性问题时再说。

第四项　从法相到名言分别

初期佛法，总标一"法"字；法的本义是"持"，即是有一种特性，与其他的不同。所以法的说明，就以此种种相为本，故《瑜伽论》说"依相立法"。相，可说是现象，可说是表示；如什么相都没有，我们也就不能知道它是法了。表现出来的种种法相，有自相、共相、因相、果相等。在佛法发展史上的阿毗达磨者，就是"分别法相"；它是佛弟子对世间有情无情一切诸法，观察种种相以安立佛法体系（这是偏于事相的法，仅是法的一分）。这样的法相，本偏重现象，然也要进求诸法的真实，所以阿毗达磨论师们总要探求诸法的实体，于是就在相上面分别假实体用，说相中有的有真实自相，有的没有；有自相的也叫有实相，有这自相才能有作用。这是发展的一种倾向。

探求真实，反面即显出虚假；所以，与此倾向同时，另一种倾向即向名与分别两方面发展。相是特性的存在；我们能了知于相的,即全赖名与分别。名与相(此亦可曰"义")是能诠所诠的关系;分别与相,是能知(别)所知的关系。一切相中,有不是"自相有"、"实相有"的存在,发展到极点,即一切一切,只是假名或分别,走到与自相实有相反的另一角度。

先说假名义。我,根本圣典中说是"但有假名,但有作用,但有忆念";这是说:"我"只是名言的,心想的,实体不可得。这是最初开展的假有论。在注重实有的学派——萨婆多部看来,实有法并不是非名言分别的,而是说名是表显于义的,名言所诠的那确实相符的对象性(义),就是实在胜义有;这表诠得不颠倒的名言叫做世俗有。这两者,本不是隔别的,都是有。另有一种没有所诠的名,如说"无",并没有"无"的实在对象为所诠,只在心想现前立名的,这才是毕竟无。在实有家看来,名若能无倒显义,名与义都是有的。不过,佛法常把名当作不真实的意义看待,如经中说的"世俗名相不应固求"。这在修行实践上有着重要的意义。如《婆沙》说:我们被人骂詈,可以不必追究,因为把他所骂的话,一个字一个字地拆开,绝没有骂辱的意义。同时,言音是随区域国度而改变的,这里骂人的一句话,在他处不一定是骂人,说不定还是称赞人的。所以,名与义是没有直接性一致性的,只是世俗习惯的安立。这种思想,有部同样在那里倡说。所以,名与义,从一面看,二者不相称是无,二者相称就可以有;从另一方面看,二者是无必然联系的。后代的大乘,都重视了名义没有必然关系这一点,故有"名义互为客"等的思想。名与相(义)无必然关系,使我们很自然的可以生起名不必有实在对象的观念。据此而发挥之,就可以达到只是假名都无实体。

次说分别义。意念分别可分为两类：一是真实的，如分别认识的确实对象。一是错误的，如执绳为蛇、执蕴为我等。经部师依第二义而发挥之，就达到一切所缘皆是假有的思想。如他主张十二处假中的外六处假，即等于说，凡是认识的对象，都是假名无体性。他虽没有说只是心识的分别显现，然没有对象的实在性，可以引发"分别心所现"的思想。

因探求实相，了解假名与分别，以名与分别来说明相，演进发挥到极点，就得到唯名唯分别的结论，而成为大乘性空唯名与虚妄(分别)唯识的两大思想。

不过，在声闻佛教的阶段上看，唯名而全无义相，唯分别而全无对境的思想，是还不会有的。他们只说：义相是名上所含有的，相不离名，立相于能诠名上；境相是分别所含有的，要待分别显现，立相于能知分别上。如是以名与分别而否定于自相的"相"；"实相"一名，从前认为是实在的自相，现在反成为空性了。学派中的倾向于名言、分别的发挥，与大乘思想的开展，是很有关系的。

第三节　终归于空

第一项　无为常住

第一目　无　为　法

甲　略说

"实相与假名"一节，本就可以说到空性，只是上面特别注重假名非实有方面的,也即是侧重事相的说明,关于空性方面的问题没有谈到,这一节就是特别来说明它的。

空性与假名非实有,是从两方面出发的。假名非实有,出发于事相,如见水中的月亮,知道它不是实在的;所知的只是事相上的假名不实。这固然是后代讲性空的重要理论,但空义上最重要的,还是在定慧实修上体验到的法法寂灭理性,是直觉体验的境界。后代大乘空宗所说世俗胜义二谛的无碍,就是这假名事相与理性空义二者的综合。在学派中,两个论题虽互相关涉,而是各走各的路线的。

理性是事相的对称,是一切现象中内在的不变性,含有恒常普遍性的。空可以是理性的一种,理性却并不就是空。一般学说所谓的理性,多解释作公理,合乎佛法所谓"法性法住法界安立"的定义。现在就是依这定义说明的。

理性,古人曾从两方面来说明它:一、共相,谓差别法(自相)上的普遍共同性。二、无为,无为指本来如此不从因生的理体,它必然含有常住性的。佛弟子们若在共相义上发挥,就接近了事相假有的思想;在无为法上发挥,就接近平等空寂性。在这共相与无为的理性发展中,空性是"遍一切一味相"(普遍性)的,也是常住无为的,它是涅槃的异名;在共相上,是最高的共相。所以,理性的阐发都归结到空上来,空性也就发达起来了。空性的发展,大众分别说系的功绩最大。西北印的说一切有系犊子系,注重事相的分析说明,流演为大乘法相宗。东南印的大众分别说系,学风不同,他们着重理性的思辨,注意共通普遍性,他们要在一切现象法的内在求其根本与统一,所以在事相的说明成立了普遍心,在理性的说明成立了空性。这理性空义,就流演为后来大乘的空门。这是从它的特色说,并不是说性空与西北印无关;而且,后代的大乘空宗还是经过了一番南北的综合的。

乙　灭性之无为

无为法,大众分别说系说得很多,说一切有系也讲有三种。兹约安立意义的不同,分几类说明。

有部建立择灭、非择灭、虚空三种无为。在阿含经中,只说爱尽离欲离系所得的诸法不生的择灭无为。其他的无为,在根本圣教中是找不到根据的。不过,阿含说无为的定义是"不生不灭",那么,其他含有这种定义的法,就都可说是无为。因此,无为法就多起来了。有部的三种无为,比较是初期的;择灭与非择灭,为各学派所共许的(大众系及分别说系化地部的两家九种无为中都有这三种。《舍利弗毗昙》及案达罗学派的九种无为,只有择非择灭)。择灭无为,下面再说;现在只说虚空与非择灭两种无为。

《俱舍论》卷一说:

> 虚空但以无碍为性,由无障故色于中行。……永碍当生得非择灭,……缘不俱故,得非择灭。

依有部的思想,虚空无为近乎现在所说的"真空";不是身眼所感触到的虚空,而是物质生灭中的能含容性,是本来如此的真常性。它不是物质,而与物质不相碍,而且,没有这虚空,物质就无法活动。不过,根本圣教中所说的虚空并不如是,如六界中的空界、空无边处的空,都是指有情组织中的空隙,并没有说到无为的虚空。有部学者似乎有见于此,所以他们分虚空为两种:一是可见的,如六界中的空界,是有为色法。二不可见的无障碍性,才是虚空无为。印度外道所说的五大中,就有空大;佛教中的虚空无为说,或者和他们有所关涉影响。《中阿含》所说的虚空,就可使人生起分歧的见解。如卷五〇说:

> 此虚空,非色,不可见,无对。

而第四〇卷却说:

> 空无所依,但因日月故有。

一说虚空是无障碍不可见,可引发无为性的见解;一说因光明故,得知有虚空,很可引发空是色法的见解。

大众系的案达罗四部执云:

> 空是行蕴所摄。(《论事》一九品二章)

他们否认空大的无为性,而说虚空是有为的行蕴所摄;空是由色法之否定而显现,是可见可触;虚空既可为眼识所见身识所触,可见是有为行蕴所摄的。《成实论》卷一三也引到他宗所说虚空以色处(十二处中的色处)为性的主张。如说:

> 经中不说无为虚空相,但说有为虚空相;所谓无色处名虚空。

执著虚空是无为的质难说:假使如你所说的虚空是有为色法,色的定义是"变碍";那么,第一,色法的虚空也有质碍性,应该要障碍其他色法的生起,不能含容其他的色法了。第二,虚空也要像一般色法一样的要变坏毁灭才对;事实上却不曾听说虚空毁坏过,可见虚空是无为法。主张虚空是有为色法者的答复说:虚空是因色的否定而了知的,是眼识身识的所缘境,所以可说是色法。同样的,虚空也如其他色法是有起灭的。《顺正理论》卷一七说:

> 或应许此(虚空)是有为摄,如筏蹉子。

筏蹉子就是犊子的梵名;那么这虚空是有为色法所摄的见解,也就是犊子的主张,本来犊子系与《舍利弗毗昙》确是有关系的,照《大智度论》说,这还称为犊子毗昙呢! 而《舍利弗毗昙》是明白揭示着虚空是有为的主张。

经部师及成实论师,承认虚空是无为,但不像有部的主张实有无为性。《成实论》卷一三标明论主自己的主张说:

> 虚空名无法,但无色处名为虚空。

《顺正理论》卷三说:

> 彼上座及余一切譬喻部师咸作是说:虚空界者不离虚空,然彼虚空体非实有,故虚空界体亦非实。

他们的意思说:虚空是色法的否定,显出它的本来没有。没有的,不能说是有为,故归于无为;这无为是否定性的,不是真实性的无为。

这三家对虚空的异解,互相诤论着;但在理论上,各家都有着困难。这,要到大乘空宗,才能圆满建立。

　　非择灭无为,是一切学派共许的,《婆沙》说:因缘错过了,不能再生起,叫做非择灭无为。法的所以不生,不是像择灭之由智慧离欲的力量使它不生,只是缘阙所以不生。非择灭的意义是消极的,不是积极的。但后期萨婆多学者在"一切实有"的前提下,把它强调立为实有了。如《顺正理论》卷一七说:"有法能碍。"说是由于一种真实的非择灭法,能障碍他法的生起。其实,正理论主的强调实有,是违反《婆沙》的本意了。

　　此外,分别论者另说有三种灭,如《婆沙》卷三一说:

　　　择灭、非择灭、无常灭……皆是无为,如分别论者。

这三种灭,择非择灭,是大家共许的,上面已经说过。至于无常灭的主张,有部他们是反对的。有部说生住无常都是有为法;灭相(无常相)是有为三相(或四相)之一;从毁灭过程到毁灭完了,只是缘起法的变易;完了,并不就是没有,只是有为存在的否定,所以还是有为法。同时分别论者的无常灭无为,与经中有为缘起支中老病死支的意义有些相违。不过,根本佛教中所说的择灭与无常灭,确有许多同义;有些地方就拿无常灭来成立择灭涅槃。"诸行无常是生灭法,以生灭故,寂灭为乐",这个很常见的偈颂,就是一个例子。我们可以拿燃灯草为譬喻:第一根灯草烧完了,第一根灯草的火也就随着灭了;赶快接上第二根灯草燃起,等到第二根燃完了,第二根的火也就随之灭了;如是我们第三根第四根灯草继续不断地接上去,维持它的燃烧。表面上火是相续不断地燃烧着,但第一根草的火不就是第二根草的火,火是随着灯草一段段地灭过的,只是燃料继续加上,重新把它引发起来而已；只要再不加上灯草引发，当下就可以归于永远的熄灭。我们的生命长炎也是这样：燃烧在一期一期的五取蕴上，虽然是无始相续不断的，但这一期的生命不是前一期，它还是随着一期一期的五取蕴的破坏而宣告"无常灭"；只是有不断的烦恼取蕴引发它，所以又继续流转下去；只要在无常灭之下，抽去了引发相续的烦恼，这无常灭的当体就是择灭涅槃。所以，在灭的境地上说，无常灭与择灭是有着共同性的，不能说一是有为一是无为。灭是一切法必然的归宿，只是有的灭了再起，有的灭了不起；分别论者就约这诸法必然尽然而又常然的无常灭，理性化了，说它是无为法。有部他们侧重在从存在到灭的变易过程上，所以说无常灭是有为法。分别论者注重在灭本身的必然性普遍性，所以说无常灭也是无为理性。

这择灭、非择灭、无常灭、虚空四种无为，都是含有灭无的意思，都从否定边以说明它的不存在，对于空性都特别有启发的关系，尤其是择灭无为。

丙　世相之无为

时间与空间相同，真空间既可立为虚空无为，真时间也应该安立为无为法。若根据根本圣教，不别立时间性的无为，同样也该不立虚空无为。二者的性质相同，要立为无为法，就该同样的安立。所以，如《婆沙》卷七六所介绍，譬喻论师及分别论者都主张"世体是常"。意思说：时间性是无为常住的，如像一个架子，一切法去来生灭，只是在这时间架子中去来生灭；去来生灭的（有为）是诸法，不是时间本身；时间性本身是恒住不动的无为。这与虚空无为的含容色法活动，其思路是一样的。只是印度人一向只重视空间,忽略了时间,所以这时间性的理性,不能发达起来。

又如《婆沙》卷一三所称引的,否认过未而许现在是无为的主张,也是认为现在的时间性是无为的,不过建立时间的观念不同罢了。时间的过去现在未来,必然的要在法的变易上说;这法的变易,经中说有生、住、灭的三相(或加异相成四相),这三相,经部与成实论主说是不相应行的假法,有部也说是不相应行,不过认为有实在体。但如大众分别说系他们,却别有一说,认为是无为法。如《中论疏》引《婆沙》所说云(《婆沙》原文待检):

> 毗婆阇婆提云:有为之法,体不自固,何能相他? 遂能相他,当知三相是无为法。

毗婆阇婆提就是梵语分别论者。他们说生、住、灭三相是具有必然性普遍性的;一切法的从生而住,从住而灭,是普遍而必然的过程;三相是恒常固定的无为法,所以才有力量能够使法法都依着生住灭的轨则走。假使说三相是有为的,则缺乏必然性普遍性的力量,应该此法生而住而灭,彼法生而不必有住或有灭。这思想很有意义,它与有部学者有为就是有为、无为就是无为的二者历然各别的看法很不同。《中论疏》接着又说:

> 次昙无崛云:生住二相是有为法,灭相是无为法。

昙无崛就是法密部,也是属于分别说系的。他主张的生生住是有为,灭相是无为,就是《婆沙》说的无常灭是无为的思想。或者说:一切法必归于灭,灭相有其普遍性必然性的力量使一切法灭,所以说是无为。

在时间性的活动变异中建立世相无为,这于空义的补助并不多;不过,可与虚空无为比较研究,且与灭性无为的意义相近。

丁　理则性之无为

在无为思想的开展中,有一类约理则性说的无为法,指一切法中不可变的轨则、必然的条理。择灭无为,本也是一种理则性,但它的寂灭性特显,是重在否定的意义上显示的。这里说的理则性无为,是缘起支性与圣道支性无为,是在染净因果中见其必然法则,是有积极性的内容的。理则,含有普遍性、本然性、必然性,所以在"不生不灭"的无为定义下,佛弟子们把它建立为无为法。释尊出世说法最重大的意义,是从自悟中提供出一种必然理性为大家共遵共行,这就是缘起与圣道。缘起与圣道,根本圣典中称叹之谓"法性法住法界安立"、"古仙人道"等,都是说它有一种必然的不可改变性。又如佛说四谛,谛是谛实不变,苦确实是苦,乃至道确实是道,这也是诸法的真理。这苦谛的苦,已不是寻常经验上所感到的苦了。不过释尊对这因果理则,还是从现实经验为出发说明的。

一、缘起支性无为——阿含经中明缘起与缘生的差别,说缘起法是"法性法住法界安立"。说一切有部偏重在具体事实因果上立论,所以解释为缘起是因、缘生是果。直到大乘唯识学,还是承袭这一思想,如《摄论》所知依说缘起、所知相说缘生;所说虽与有部有所不同,却都同是在具体因果事实上说明的。但,其他学派却有着不同的看法,如《婆沙》卷二三说:

　　　　有执缘起是无为,如分别论者。

其他如《异部宗轮论》说大众、一说、说出世、鸡胤四部同计的九种无为中有缘起支性无为;南传谓化地部、东山住部皆计缘起是无为(《论事》六品二章。又汉译《宗轮论》化地部执的九种无为中也有缘起支性无为,它也是分别论者之一)。所以这思想是大众与分别说系的共义。《大毗婆沙论》只提到分别论者,或者表示着这思想是分别说系首倡的。他们说缘起是无为的理由,如《俱舍论》卷九说:

　　　　有说缘起是无为法,以契经言:如来出世若不出世,如是缘起法性常住。

这是阿含经上的圣教根据。他们的见解:缘起与缘生是理与事的关系(不同有部说的因与果的关系)。缘起是理则,理则是常住不生灭的,可说是哲学的。缘生是事相,事相是生灭无常的,可说是常识或科学的。因与果都是在缘生事相上说的;缘起是贯通这因果事相的必然理则。说一切有者重在具体事实,大众分别说者重在统一理性,按诸根本教典,二者是各得一体。若如大众等所说的离因果事实外别有一种理性,这当然不当,难怪俱舍论主的抨击。但若单只看到各各差别事实的一面,也是不大够的;若无统一的必然理性,现在的此因生此果,何以见得将来的此因也必生此果呢? 所以,佛说的理则性是不离具体因果事实,而又是贯通于一切具体因果事实上的普遍必然性,所以古人曾说它是非有为非无为。

　　二、圣道支性无为——除有部外,这也是大众分别说系的共义(大众等四部及化地的九种无为中都有)。它是佛法两大理性之一,佛在经中称它为古仙人道,与缘起法一样的是具体因果的必然理性,不过它是指向于出世还灭的因果理性,也即是向上向解脱的行践理性。

三、四谛无为——这是把缘起支性无为与圣道支性无为综合起来建立的。南传《论事》第六品说东山住部执云:

> 四谛是无为。

四谛法,释尊在阿含经中也常说它"是真是实",是"法住法界",是常住的必然理则。它,可说就是缘起与圣道的综合:苦集二谛是缘起,道谛是圣道,灭谛是缘起否定所显,也是圣道的果。不过也有着不同:缘起与圣道二无为,重心在说明因果的必然性;四谛无为,如苦确实是苦,不可变易,是在价值上的确实性必然性的判断。

这三种理则性的无为,对后代的大乘思想有着很大的影响。不过,在学派中,三者是各别发展的;这种思想,可以与真空论相合,也可以走上真常论。

戊　道果之无为

上面曾说到,圣道在学派中有着各种不同的看法:有部认为道是生灭有为;而大众分别说系的多分学者却说是无为的。他们思想的基本出发点,在于经中常说有为法是无常变灭,可毁坏性,不可保性,不可保性终必归于无的;如果说佛弟子们的努力修行,证得了戒、定、慧、解脱等的道,见修无学的道,还是有为法,还是不可保性可毁坏性,将来岂不又要取消恢复为凡夫吗?

佛法的道果都不是彻底究竟的道果了。这在一分学者如有部他们看来是不成问题的;圣道生起对治作用,对治了杂染痛苦,杂染痛苦没有了,当然就是清净安乐的;同时,毕故不造新,灰身泯智而入于无余依涅槃了。圣道的主要意义在于否定杂染,杂染否定了,无常、消灭,又有什么关系? 另外一分学者,以为戒定慧见修无学道等,若是有为终须取消的,那么,涅槃后没有戒定慧等,岂不什么都没有了吗? 岂不空虚得可怕吗? 佛法的最高理想就是这样吗? 所以,圣道应该是无为常住的。佛教中一切空有的分歧,焦点都在此。从大乘佛法看,有的说圣道菩提是有为无常的,但在无常生灭之中还是可以永远相续下去;有的认为必须有个贯通的常住者。这大乘学上的歧异,声闻学派中早已存在着了。一分学者,重视了道的不可改性,说它是常住不生灭,于是有这些道果无为的建立。

一、定境无为——定是戒定慧等的道支之一;虽有外道的邪定,但定必有所离(梵语离欲,就是定的意思)。外道的定虽不究竟,还是合乎道的意义。定境无为,西北印的有部、经部完全不谈。《异部宗轮论》所说大众、一说、说出世、鸡胤四部本宗同义的九种无为法中,有"空无边处"、"识无边处"、"无所有处"、"非想非非想处"的四空处无为;分别说系《舍利弗毗昙》的九无为中同样有这四种。化地部的九种无为,不说四空处,而说有"不动无为"。上面说过,四空处是从修道次第的定境安立的,其中就有不动的名义,如《小空经》即将"空、无相、无所有"叫做"行不动道、无相道、无所有道";这不动,就是四空处。另有学者说,第四禅天离一切身行语行,舍念清净,不为身语行所动,故曰不动。所以这化地部的不动无为,即总指四空处无为,同时也可包括第四禅天在内。大众分别说系定境无为的思想,不是说定的本身是无为,是说定境所证的,有所舍离而显现的那一不动法是无为。《中阿含》就常说禅心不动不热,常住不变。这由离所显的湛寂不变法,就是无为法。有的学派说外道不能得定得神通,就是将这定境指明唯佛教的圣者才有,外道是得不到的。

二、法住决定无为——《舍利弗毗昙》的九种无为中,有此二种。南传《论事》第六品说案达罗四派同计"决定道是无为";可见这二无为,在大众分别说系中采用的很多。"决定",就是正性离生(正性离生,古译即为正性决定)。这,有部说是在见道、离惑得无生时的境界。但大众分别说系乃至现在锡兰的铜鍱学者,都不说它是见道的境界,而移置在前面,与三乘共十地的性地意义相近,有似于四加行中的顶位。龙树《智论》就讨论到顶、决定、无生三名是同是异的问题,论中自有解说;不过依此可见正性离生是有着前后的诤论,不必尽如有部所说在见道位。《异部宗轮论》说菩萨"得决定道不退"的决定道,也就是这个。法住,也是修行过程中的一个位次,经说"得法住智";《成实论》说,以闻思慧见诸法的必然理则,叫法住位。从此以后,实际修习禅定,就是决定道。法住道与决定道,二者都是在见道以前的事。有部以见道分凡圣,见道以前都是凡夫;大众分别说系及成实论师等不然,见道后得初果,固然是圣人,见道以前,从闻思修慧得见法住理性,已经不是凡夫,也可以说是无漏的,即初果向的圣者(他们把初果向的时间拉长,不像有部的局在十五心)。所以见法住智得决定道,虽不是见道以后的圣者,但已超过了凡夫,已获证到一种不可更动不可转变不再退堕的无为常住性,这就是法住无为与决定无为。

三、无漏智果无为——依大众分别说系所说,法住位决定道已经是无漏了,不过现在就部派共许的普通的说法,见道以上的无漏来说。南传《论事》一九品谓东山住部计云:

> 沙门道及果是无为。

沙门果性的择灭当然是无为,有部也共许。不过,东山住部更进一步地说:无漏的戒定慧解脱功德,是常住固定性的,是可保性的,所以是无为。譬喻师也有这沙门果体是不可改性是无为的主张。如《顺正理论》卷六七云:

> 譬喻者说:沙门果体唯是无为。……以诸有为是可坏故,不可保信;沙门果体可保信故,唯无为。……彼执无为无有体故,……无为唯不转为相。

这思想说:有漏道是生灭的,凡夫先依借这有漏道修习;修到某种程度,可以引发一种高级的道,这道的本质就是无为的了,而且是本来就存在的,不过从前不显发,现在借有漏道把它引发了出来。正因为它是常住本有,所以证得以后再不怕毁坏取消(新生的就必是有为,有为就要变坏)。这是从《杂阿含》中佛说舍利弗的五分法身不入涅槃的文句开发出来的,从此更进一步,达到说假部道体真常的见解,如《异部宗轮论》云:

> 其说假部本宗同义,……由福故得圣道;道不可修,道不可坏。

这说:道体是真常本有的。平常说"修道",并不是说新修得一种道,道是本有的,只由福德为因缘引发显现而已。为什么只说由福德来显发呢? 须知大众系是重视智慧的,他们说唯慧能得解脱,故唯慧是道体。道是无漏常住的,慧也就是无漏常住的(龙树《大智度论》也说般若有有为的与无为的不同)。凡夫根本不会有智慧,有漏的思择不是智慧,只是受想等心所的活动,假名之曰智慧。要说智慧,就是无漏道。本有的无漏道既就以智慧为体,显发它的时候,当然不是智慧(因为凡夫位上根本没有)。那么,只有用福德力量来显发了。这是后代真常思想的一大渊源,不过后代真常论者把它建立在真常心中。

四、法身无为——这到下面再说。

上面所说的各种无为法,古人并不曾如是分类,这样分,只是为说明的方便而已。凡说到无为,都说是不生不灭常住不变,都是一种理性。从佛说的根本择灭无为,综贯了非择灭、无常灭及缘起支性无为,是直接促进空性的开展。就是大乘真常妙有论渊源之圣道支性无为、道果无为,也是间接地影响到空性的。无为与空性的关系,是多么密切!

除此,另有化地部所说的三性无为,予善恶无记三性以理性上的根据;善之为善,恶之为恶,也有着常住必然的理性。不过,它给大乘佛法的影响不大,所以现在略而不论。

第二目　涅　槃

无为法中的择灭无为,本就是涅槃。但因涅槃对空义的影响特深,所以特别来说明它。涅槃是佛法的归宿,虽大小各家对它的解说不同,但都承认是一种否定有为有漏的直觉境地,本质上就必然的与空义有关。如实修行的佛弟子,都可能得到这种涅槃的直觉境界,所以佛法都倾向于空义。

涅槃,在后代的佛法中有着有与无、同与异的不同解释。直觉体验的这种涅槃境界,不能从正面去具体说明,只可方便用世间言语形容;因它是世间无常纷扰诸般痛苦的否定,所以用"常""寂"等词句来形容描写,这是大家共许的。如《顺正理论》卷四七说:

> 如正法中于涅槃体虽有谓实,谓非实异,而同许彼是常是寂故。

涅槃的有无,固为诤论所在,但不是诤论有没有涅槃,是说否定的当下是不是有实在的别体。这在萨婆多部、犊子部等,都主张实有的,如《俱舍论》第六卷云:

> 此法自性实有离言,唯诸圣者各别内证,但可方便总相说言:是善是常,别有实物名为择灭,亦名离系。

涅槃,是圣者各别内证——内心直觉体验到的,是离言不可说的(大乘的离言法性,声闻佛法是共许的。《佛本行经》说如来初转法轮教化五比丘,阿若憍陈如等所证悟到的就是无生智,就是第一义空。与大乘的"空性"、"离言法性"是一样的)。虽不可说,但有部他们认为是实有的;只是这种有,不是平常见闻觉知到而可说的(后代发展为真常妙有),只能方便地用"常"、"善"、"寂"等来形容它。不像有为世象之由关系而有,它是超越时间性的,证不证悟它都是本来如此的,所以叫常。世间虽有善恶无记三性,但都是有漏杂染的,在胜义的立场都不是善,而唯胜义的涅槃才是纯善的,它与相对可记性的世间善有绝大的不同,所以叫善。寂,是不动乱;世间一切动乱起灭相,到此皆风平浪静,在生灭的否定意义上,名之曰寂。涅槃的建立,在学派中有着假实的不同,而这离言常寂的意义则无不同。涅槃体性的择灭无为,有部认为实有,是说涅槃离系,有漏法不生,不单是消极的不生,是另有择灭无为的实法,有力能使有漏法灭而不生。这思想,在大乘的某一种立场上看,是有意义的。

其次,经部譬喻师认为择灭非实有。表面上看,这主张似乎与大乘空宗相同;实质上,终究是上座系的见解。大众分别说系侧重在理性的空义,譬喻者却在常识法相的不生面说明涅槃非有。重事相而忽略理性,虽主张无体,反而接近了萨婆多部。如《顺正理论》的两段介绍说:

> 烦恼毕竟不生,名为涅槃。

> 由得对治,证得当起烦恼后有毕竟相违所依身故,名得涅槃。

烦恼决定不生曰涅槃。所说的烦恼,不像有部的三世实有,是在有情六处中的烦恼功能。现在智慧现前,使烦恼功能不再潜动,决定不再生起烦恼,身心得到清净,叫做得涅槃。所以,譬喻者说的涅槃,专在烦恼的不生上安立,不是另有实体可得。后来,大乘常用破瓶的譬喻说明这思想:如说破瓶,是在完整瓶子的否定上说,不是另有一种叫"破"的实在东西。所以经部说的择灭非实有,纯粹从消极面,在事相的否定上说,几乎没有接触到理性。他们思想与大乘空宗的距离,就在这一点。不过反过来说:四谛之中有灭谛,谛的意思就是真实不虚。灭谛,即谓真实是灭;经中也常说:"此是灭,汝(比丘们)应证!"这都说明有灭是无可否认的。体性非有,而又说有,这不矛盾吗?譬喻师说:这是佛陀为了显示这最高境界的说法方便。如《顺正理论》卷一七说:

> 我(譬喻者)亦不说全无涅槃,但应如我所说而有。如说此声有先非有,有后非有;不可非有说为有故,有义得成。说有无为,应知亦尔,有虽非有而可称叹,故诸灾横毕竟非有,名为涅槃。此于一切有非有中,最为殊胜,为令所化深生欣乐,故应称叹。

涅槃是依现实生死之否定而建立的;从生死实事之有,到涅槃之灭,经过的这回事情不能说没有。等到生死不起,一切归无,当然不会再有涅槃的实体。总之,涅槃本是在否定烦恼生死之实事上建立的,它是湛然常寂的理性,在自己内心澄寂的直觉上所体验到的境地。经部偏重在生死实事的否定面而忽视了理性;有部偏重在离言所显的不可说面执为实有,而抹杀了空义。西北印学者的涅槃义,都还不能与空义接近。略后的成实论师,立义于经部说,扬弃了有部,而又采取了大众分别说者的思想,这才面向着空义跨进了一大步。

这涅槃的有无二派,是在体性上说的。若从认识论上说,又有涅槃有相与涅槃无相的两派。说一切有部主张涅槃有相,他们说：智必有境，涅槃灭尽妙离的谛理，既是无漏智慧的所缘境，当然是有相的。虽然契经中以"无相"两个字来形容涅槃，当能缘智上浮现起"无相"的概念时，无相还是成了相，为智的所缘。所以，尽管是缘无为，智上还是有所缘的。这与大乘空义关系很疏远。经部师及成实论师则主张涅槃无相，如《成实论》第二卷说：

> 诸法实相，离诸相故，不名为缘。

有部说，涅槃无相，但在能缘智的缘虑下，已成为所缘相了，能缘的对象，不能说没有。成论主以为：无相，不但一般的相不起，连无相之相也不起。《成实论》所说的涅槃，有着三层，意义很宽泛。前二层从法之有相及假名上说是空相，第三层所谓究竟现证、无愿无欲、能所并寂，连空相也不起，真正地得到灭尽涅槃。这涅槃，是彻底无相的。涅槃有相无相之辩，对后代大乘涅槃究竟是妙有还是真空的分宗，也是有关系的。

　　其次，一谈涅槃一多的问题。择灭无为是一是多呢？如我于贪得择灭，于嗔也得择灭，这两种择灭是一是异呢？又如我对贪择灭离系，你也对贪择灭离系，两个人的择灭是同是异呢？在理论说明上，这都成为问题。有部学者认为，一个人的各种择灭是异体的，因为择灭不是一时得的，从见道到修道无学道，各阶段有各阶段不同择灭，体性理应非一。即在同一对治上，彼此两个人虽同得择灭，但也不应同体，不然，彼此获证过程的顿渐就无法说明。在较古朴的有部义，也有说彼此有情所得涅槃是同一的，如《婆沙》卷三一说：

诸有情类，普于一一有漏法中，皆共证得一择灭体，前说择灭随所系事多少量故。

一种有漏法，即有一种择灭无为存在；你能离系，你即能体验证得；我能离系，我即能体验证得；同一有漏的择灭无为，是彼此共证的。不过，在一个有情上，则又因系——有漏法的众多，而择灭也别为众多，因为一有漏法就有一择灭无为。有部学者不但是有为的多元实在论者，在无为法上还是多元实在论。不过，这只是有部一家的见解，《俱舍》卷一、《顺正理》卷一，同说到有一家择灭无为体性是一的主张。如云：

有作是言：诸所断法同一择灭。对法者言：随系事别。

此择灭是一论者，虽不知部属，以理推测，应是大众分别说系的主张。就是纯从有部立场上说，也还有一种不同的思想，如《俱舍》引叙到"灭无同类"的主张，即等于说择灭是一；因为如果择灭是多，就应该有同类了；正因为择灭是一，所以没有同类。虽然后代以"无同类因"义来解释会通。有部的古义或许是主张择灭是一的。主张择灭同，谓是一味的；主张择灭异，谓是差别的。后代大乘以虚空为譬喻来会通一味与差别：虚空，随了器皿的方圆，而有方圆之别，如这空茶杯中的圆空，与空箱子中的方空，此空不是彼空，方圆位置不能说无别。但，空的体性是浑然同一的，不能说有差别。择灭如果决定只有一个，则一解脱一切解脱，依次的修证是徒劳的了。择灭如果说是众多差别，难道直觉体验下的涅槃性还有差别相吗？这是困难的。大乘虚空喻的会通，就是针对这困难而发的。

综合地观察一下：择灭涅槃是佛法的究竟归宿所在，是直觉体证的境界。如果从择灭是一、是无相、是常寂的离言理性上去体会，则与后代大乘所说的空性的含义更近。不过，空，乃即事相之有而空，有多少"有"，即有多少空。空，一面是遍一切一味的共相，一面又可说是一一差别法的自相，如《般若经》上说的"色性空、受性空"，五蕴乃至一切智智等一一法的自性空义，就是明白的文证。这后代大乘空义上的不自不共，与择灭的不一不异的思想，正是一样的。不过，也稍有不同：择灭是单在有漏法的否定上说的，空则通于有漏无漏本性的否定，如道谛，纵是无漏，也还是空的。

第三目 法 身

在大乘经中，处处可以见到空义与法身关涉的密切，故知学派思想发展中，空义与法身也是有着密切的关系。大乘以佛果为重要对象，同时是依空义安立的，故大乘也可从法身的开展中去研究。

佛的成为佛，不是以生身相好的圆满而成为佛，而是"以法成身"，体悟于法而成为佛的。初期佛教所说的法身，除体悟真理外，还有二义：一说佛的种种功德为法身，如《杂阿含》所说的五分法身；他所说的"法"，是指的道谛。一说佛的教法为法身，经典教法的存在，等于佛陀亲身的存在；所以在第一结集之后，经教可以保存流通于人间了，就说是"法身尚在"。这两说与现在所论的空义，关系都不密切。在学派中，大众系的学者对于佛身有崇高的看法，如说"如来色身实无边际，如来威力亦无边际,诸佛寿量亦无边际"等(《异部宗轮论》)。这是承袭功德法身的思想而来,与后代大乘的报身思想相近,都也不切近空义。不过,佛教思想的发展是错综关涉,不能机械地割裂开。罗什法师《大乘法义章》也就是综合的两种法身说,如云:

> 法性者,有佛无佛,常住不变,如虚空无作无尽。以是法,八正道分六波罗等得名为法;乃至经文章句亦名为法。如须陀洹得是法分,名初得法身,乃至阿罗汉辟支佛名后得法身。

这将功德身与圣教身融化在理性身中。

根本佛法中,就说佛有生身与法身的分别,最初的法身根本义,是在见缘起寂灭性,依所证悟的法,称之为身。不过,引申之下,有时也旁及功德身与教法身。对于根本教中理性法身之义,到了《增一阿含》,有重大的开展。这些开展的思想,在《杂阿含》里是找不到的,《中阿含》里曾有一颂似说此义,而意思不显著,在《增一阿含》就常常看见。依成立的时代说,四阿含中《增一阿含》是最后起的。在学派中说,汉译《增一阿含》是大众部所诵的。所以《增一阿含》的法身思想,可说是经过一番发展后的大众部的法身思想。理解明白了这一点,才能将根本佛教的法身义与大乘的法身空义连接起来。

《增一阿含·听法品》(卷二八)叙述佛从三十三天为母说法后,回阎浮提来,四众弟子都去见佛,须菩提也想去见佛,忽然想到:什么是佛,我若见了佛之为佛的所在,不就等于亲见了佛吗? 于是观佛所说的一个偈颂说:

若欲礼佛者，及诸最胜者，阴持入诸种，皆悉观无常，……当观于空法，……当计于无我。

这说：在蕴处界诸法，观察它的无常性、空性、无我性，才是真正的见到佛。这种看透了佛的内在本质理性叫做见佛的思想，佛在世的时候，应该已经存在了。莲花色比丘尼先见到佛的生身，却被佛呵斥，而说偈曰：

善业（须菩提）以先礼，最初无过者，空无解脱门，此是礼佛义。

佛之所以成为佛，就是因为观察到空、无相、无愿（解脱门）诸空理，体证到这诸法的究竟义；那么，这诸法空性，就是佛的身命所寄，就叫做法身。依着这个思想进展，则如《瑜伽·思所成地》所引的体义伽陀：

若以色量我，以音声寻我，欲贪所执持，彼不能知我。

这，很自然地使我们联想到《金刚经》脍炙人口的"若以色见我，以音声求我，是人行邪道，不能见如来"的一个颂子。《瑜伽》"闻""思""修"所成三地，全部立本于声闻乘教，都是引的《杂阿含》或《经集》、《法句》为教证。这偈颂是声闻佛法所本有的，不成问题。《瑜伽》对这偈颂的解说，虽不尽合大众系的见地；但我们直接从文义上看，这明明是说：佛陀无漏无为的法身，超越于色声，是当体空寂的理性。这种法身，与《异部宗轮论》中大众部从色声上所描写的功德佛身不同，这是在诸法的空寂理性上说的。就是后来大乘的法身也有两种，一是从道谛开展出

来的,接连着《宗轮论》所说的功德法身;一是从灭谛开展出来
的,接连着《增一阿含》的理性法身。南传《论事》谓大众系大空
部执"佛不住此世间","佛不说法";就是约空性法身佛说的。
不然,依功德身说,"佛身遍住一切处",为什么不住此世间?
"如来一音遍说一切法",为什么不说法呢? 从佛陀的理性法身
上说,它是超越性的,所以不住此世间;它是离言性的,所以不说
法。这理性法身义的开展,是空义开展中最重要的一门。

第二项　法性空无我

第一目　空与无我之定义

单依上面所说的实相假名,是在各别缘生法上遣除实在性,
显示其假名无实,没有理会到空的理性。单依上面所说的无为
常住,偏于理性的直觉体验,忽略了事相的分别说明。都还不能
圆见空义。现在这里想把二者的综合提出来谈谈。后代大乘的
空,就是这种综合的。不过,综合,不必是二者各别发展后再事
综合;根本佛法对于缘起理性与缘生事相,本就是综合的。只是
后代学者的观点注重点不同,作为各种偏颇的发挥,才有了
不同。

空与无我,圣典中说得很多。学派中对它的不同解说,大概
可分三派。

一、萨婆多部的解说,如《婆沙》卷九云:

　　空行相义不决定,以一切法有义故空,约他性故;有义
　　故不空,约自性故。非我行相,无不决定,以约自他俱无我

故。由此尊者世友说言：我不定说诸法皆空，定说一切法皆
无我。

这意思说：这个法上没有哪个法，叫做空；空不是说此法的自性
也没有。所以说，约他性故空，约自性故不空。这是有部对空的
基本见解。由此，空与无我是不同的，空是不彻底，无我才是确
实彻底。如说五蕴无我，五蕴上确实没有我。说五蕴空，则是说
五蕴上他性的"我"没有，叫做空，不是五蕴自性是空。所以世
友谓无我是决定说，空是不决定说。这显然的是法有我无的思
想。向后推，他是后代中观家所批评的"他空见"的本源；向前
推，它是继承《小空经》中鹿子母堂空无牛马的思想而来的。在
真正的性空义上说，这是旁流，不过，是后代说空的一大派。空
与无我的不同，《婆沙》卷九有多种异解，其中的一种解说云：

> 有说：观自性空是非我行相，观所行空是空行相。

这意思说：我空叫无我，我所法空叫空。也即是说：五蕴等我所
法，实际上是不空的，只是在我见所执著（所行）的意义下说它
是空。后代俱舍论主也是继承这个见解。如云：

> 违我所见故空，违我见故非我。

无我所，本有法空的意义，不过有部的解释，所无的只是我见所
执著的一点，不是法的本身也没有。若依真谛所传的《随相论》
看来，经部也是采用这思想的。这可说是西北印学者的共见。
如云：

> 世亲所用经部自义：体所离故名空；一切诸法皆是假

名，有名有义而无有体，……无自人故名无我。

后代大乘唯识学家所说我空法空的思想，就是本此而来的。

二、东南印大众系的解释，如《增一阿含·邪聚品》云：

无我者，即是空也。……我非彼有，彼非我有。

我非彼有，是无我，是我空；彼非我有，是无我所，也就是法空。在这里，无我与空的定义完全是合一的。依此，流出大乘中观家在同一意义上建立我法二空的思想。

三、成实论师，学出入于南北两流，折衷其间。它论中常说我法二空，故"空"可以通于我空与法空，而无我只局限在无人我方面。不过，他在综合说明空无我的时候，对二者的定义，却正与有部相反。如论卷一六说：

于五阴中不见众生（我），是名空行；见五阴亦无，是无我行。

成实论师反而把我空叫空，法空叫无我；是因为契经中常说到五蕴空就是五蕴无我的无我义，所以将我空叫"空"；同时也常说获得无我见就是证悟寂灭性，所以将法空叫做"无我"。后代的大乘空宗，空与无我二名是可以互相通用的，说空则我法皆空，说无我则人法俱无我；这在学派中就已有此倾向，而且它是根本圣典中本有的思想。

现在把上面三说中有部的解说抛开不论，单说大众系的思想。

第二目　传说中之法空论者

声闻教中说空的学派,不大造论典,他们将思想融化在契经中。所以,他们的空义,没有自己正面的论典可资研究,只能从向来的传说中去探索。

声闻教中,确有明空的学派存在,这是不成问题。事实上并不像唯识家所说的小乘只明我空,不了法空。龙树《大智度论》分判声闻佛法为毗昙门、空门、锟勒门的三门,其中就有空门的一种。虽未明指何派,但有明空的学派存在,是不可否认的。我们上面分声闻佛法为舍利弗毗昙系与迦旃延锟勒系的二流,似乎看不到空门的地位。但《舍利弗毗昙》第五分每品的品名都加个"假"字,如明烦恼的叫"假结品";可见分别说系学者说因缘生法都是假,是接近空义的。不过,说后代性空大乘经纯属分别说系的,也有未妥:分别说系究竟是上座分出的,且依现在南传分别说系的铜鍱部的《解脱道论》看来,虽主张见灭得道,却未显然地说到缘起即空的深刻而普遍的空义。所以,分别说系并不是学派中空的主流,只是与空义有关罢了。据真谛旧传《部执异论记》,以为大众部中最初分出的一说部主张世出世法皆假名;说出世部主张世间法皆假名,出世法是真实。如窥基《宗轮论述记》所引述的(嘉祥《三论玄义》也引有此文):

　　一说部,此部说世出世法皆无实体,但有假名。名即是说;意谓诸法唯一假名,无体可得,……名一说部。

　　说出世部,此部明世间烦恼从颠倒起,此复生业,从业生果;世间之说法既颠倒生,颠倒不实,故世间法但有假名

　　都无实体。出世之法非颠倒起，道及道果皆是实有。唯此
　　是实，世间皆假，……名说出世部。

依此以观《大智度论》的三门，一说部可说即是空门，说出世部
可说即是崑勒门；也就是后代大乘性空与大乘真常的肖影。不
过，大众最初的分裂，就有这种性空与真常的明确理论的建立，
时间上似乎嫌早。南传对这两部立名的解释，就有所不同：主张
"以一音说一切法，一切法皆了义"的，名一说部；主张"一切佛
语皆是出世间者"，名说出世部。大众系中有主张空的学派是
不成问题，不过，是否即一说部，是有可疑的。西藏所传，大众部
传说的大众系之分裂，本末八部（大众、牛住、说制多、雪山、东
山、西山、王山、义成山），其中没有一说部和说出世部，却多了
东山住部等案达罗四派。中国向传有一说及说出世部，却没有
东山等案达罗四派。或者东山住部等就是一说部与说出世部的
合流，所以后代如西藏的传说，有了东山部等就不用一说、说出
世的名字了。在案达罗四派中，东山住部是顶出色最主要的一
部，执义特别与分别说系相近，也多与向传的一说、说出世部执
相同。如东山部执"沙门道及果是无为"，近于说出世部的思
想；东山住部随顺颂"无名诸法性，以不思议名"（见下引），近于
一说部的思想（这随顺颂文可作两种解说：法性是内在真实的
不思议，则可与真常论合；现象一切皆是假名，假名故空，故不思
议，则与性空论合）。又南传大众系中有大空部，从它的立名，
就可以看出与空义有关的了。所以，大乘空义的发展与大众系
最有密切关系，尤以案达罗四派更密切；而案达罗四派有很多思
想与分别说系相近，于是分别说系也与空义有关。后代的性空

大乘,即是将这各方面的思想综合起来而完成的新体系。

大众系中其他的部派,对空无我也都很重视。如大众系诵的汉译《增一阿含》,明四法印,谓诸法无我印就是法空。大众系多闻部"谓佛五音是出世教:一无常,二苦,三空,四无我,五涅槃寂静"(《异部宗轮论》)。它在四法印中特别开出"空"为一种出世教,说明了它对空义的重视。所以,重视空义,可说是大众系各派共同的倾向。总之,推动空义发展的主力,在学派的上座大众两大系中是大众系;在说一切有、分别说、大众的三大系中是大众与分别说。

现在,我们知道了声闻教中明空的学派就是大众系;且一看向来传说中的他们的空义是如何。

首先,从有部的传说中去看看。有部的论典中,也间传有明空部派的思想,可惜都没有指出学派的名字。《婆沙》卷九说明"有"的定义时,举有三种异宗的解说,其第二说谓:

　　有说三种:一相待有,谓如是事待此故有,彼待故无。二和合有,谓如是事在此处有在彼处无。三时分有,谓如是事此时分有彼时分无。

时分有,谓某种法的存在(有)是因时间性而存在的,如春之红花,秋之黄叶,某一个时期有,某一个时期不会有的。和合有,谓这里有,那里不会有,是因空间性的关系而有的。相待有,谓与别的事物对待之下才显现其有,如眼根能见的作用,在对待其他耳根没有"见用"的自他相待中,才能显出它特殊的形态与作用。这个学派,既主张"有"只这三种,就等于说:凡是存在的,都是在自他、时间、空间的相对关系下出现的,没有绝对独立的存在。在有部看,这三种都是假有;实有的,不因自他时空之关系而有无。如果把握着这三种有的思想去观察,可以达到一切唯是现象假有的境地。《婆沙》卷一三八明白地说:

> 谓有异宗说:内外法皆非实有。

《婆沙》在佛元五世纪间已经结集完成,是很早期的文献。在当时,就有主张内情外器一切法皆非实有的学派,可见空义在声闻教中是早已存在的了。到《顺正理论》时代,学派中的空义更是显著了。如该论卷五一说:

> 假有论者(不但说过未法是假有),说现在世所有诸法,亦唯假有。都无论者,说一切法都无自性,皆似空花。

假有论与都无论,照论文看,是不同的两派。都无论者,连一切缘生现象都一笔抹杀,当然是很危险的思想;不过龙树也曾说过有这一种执著的人——方广道人。主张一切法都是因缘假有,没有实体可得,就是假有论者;所以《婆沙》又说:

> 说一切法自性都无,彼亦说言现虚妄有。

这简直与大乘性空唯名论的思想一模一样。虽然这时代早已经有了大乘,可是正理论主批判的对象,永远只限在声闻学派,大乘的主张,他是不大理睬的。所以这空义是声闻学派中已有的。

其次,我们看看大乘唯识学者对小乘空义的介绍。世亲《摄大乘论释》第五卷,以为声闻学者说空无自性有三种。如云:

> 说一切法无自性意,今当显示:自然无者,由一切法无
> 离众缘自然有性;是名一种无自性意。自体无者,由法灭已
> 不复更生,故无自性;此复一种无自性意。自性不坚住者,
> 由法才生,一刹那后无力能住,故无自性。如是诸法无自性
> 理,与声闻共。

"自然无",谓一切法不离因缘,没有离因缘而能自然生的,所以叫无自性;不是法的本身没有。这从法的自未来入现在的生起上说。"自性无",谓法灭后不再生起,没有更生性,叫做无自性。是从法的流入过去说的。"自性不坚住",谓一切法皆刹那灭,没有坚住性,故说无自性;是从法的现在位说的。总之,这三种无自性,是在无常义上,说明因缘诸法未来无自然生性,过去无更生性,现在无坚住性,叫做空无自性,不是说法无自性空。这思想,经部固然承认,有部也是认许的,所以,"如是无自性理,与声闻共"。那么,大乘不共的无自性义是什么呢?《释论》接着说:

> 如执取不有,故许无自性者,此无自性不共声闻。

唯识家从认识论上说明,于自心外执有能所取相,是应该要空的,不是自性有的,即是遍计所执无自性。所以,单从现象法上了知因果的无常性,是三时中的初时教,是共声闻的空义。若能从认识论上体会能取所取不可得,才是大乘不共的空义。不过我们对这小乘唯有三种无常的无自性义,不能完全信任。因为因果论的无常性与认识论的无能所取性,是有相互关系,不能割裂开的。即因缘生灭以显示空无自性,是空的本义;认识论上的

空义,也还是依此建立的。声闻学者对于认识论上的空义,并不是毫无所知,不能说此为大乘的不共空义。如《顺正理论》卷五三说:

> 有怀僻见论中有如是颂:以有于一事,见常、见无常、见俱、见俱非,故法皆无性。

这说:在一法上,可见为常,又可见为无常,甚或可见为亦常亦无常、非常非无常。一个法,从多方面看,可得多方面的结论,发现了缘起法的相待矛盾性,没有独立存在的真实体。所见(认识)到的,都不是事物的当体或真象,故说一切法都是空无自性。这思想与大乘空宗很相近;就是佛世时的六师外道,对这缘起法的相待性,也都多少接触到。所以,空无自性,一面从因果相生的无常性上建立,一面从认识论说,同一法既可如此认识,又可如彼认识,可见是无自性;如果实有自性,就不该有见为如此见为如彼的不同。这是佛法空义的基本论辩方式,不必要到大乘才有。

最后,看看《成实论》中所传说的"无论者"。成实论主诃梨跋摩,据传记上说,他曾在华氏城与大众部的学者同住过,也曾看过大乘经,所以他论中所说的"无论者",可能是大众部,也可能是大乘。无论者的见解,论中卷一三、一四都说到,现在归纳其论辩方式为几点:一、有分(总体)与分(别体)是无绝对性的,故真实不可得;这是提婆常用的论式。二、识不能取境,前五识虽接触到外境,但它不能分别;等到第二念意识生起分别时,它又是不接触外境的;识不能取境,故无自性。三、因中有果因中

无果都不能成立,故无自性。四、因果能所都不能成立;五、因果
同时异时都不能成立;六、因果一性异性都不能成立;七、自作、
他作、共作、无因作都不能成立,所以是无自性。用这种种论式
成立无自性,最后的结论说:

> 一切根尘皆不可得,是故无法。

这些论辩方式,很多与大乘中观家相同。声闻佛教走上空的论
辩,不单在三世因果上说,而是从事实当体的矛盾性下手考察,
指出一切法的绝对自性不能存在。东南印学派空的理性,都是
向这方面发展的。声闻学派的典籍中,对于空义都有传说介绍,
《成实论》算是最丰富的一书。当然,《成实论》中介绍的“无论
者”,理论上思想上还有很多缺憾;在认识论上指出事物的不决
定,是空更重要的论式,他没有应用到。而且只能说无说空,而
不能建立起缘起的假名有,是方广道人之流亚;虽然他可能是一
个道地的声闻学者。

第三目　大众系之空义

大众系中的部派很多,只是现在可以接触到的文献有限,且
皆无法断定其部属,所以现在只根据《增一阿含》作一种综合的
考察。在四阿含中,《增一阿含》出世最迟,带有浓厚的学派色
彩。汉译本中,蕴藏有多量空的思想,而且都是巴利文本所无;
所以向来传说汉译《增一阿含》是大众部的诵本,应该是无可怀
疑的(译者是学有部的)。现在就根据它来探讨大众系的空义。

大众系的空义,并不离开根本教去另起炉灶,是根据《杂阿

含》中原有佛所说的思想,以新的形式,加以引申发挥,推陈出新,而又很契合于如来本意的。这种引申发挥,《增一阿含》中到处可见到,如《利养品》云:

> 法法自生,法法自灭;法法相动,法法自息。……法法相乱,法法自息,法能生法,法能灭法,……一切所有皆归于空。……法法相乱,法法自定。

这是对缘起因果法的生、灭、动、静,给予直觉的观察;意义深长,很值得注意。存在,是缘起法的相依相待;因果法的生灭动静,都是自他两面的。一面看,法法是相动相乱的,没有他法,自己不会动乱起来;就是要静止,也是有他法给予力量的,故是相静相止。另一方面看,又是不相动乱的,法法各住自性,静止在自位上,互相动乱不到的。一面是自动自静,一面又是他动他静,最好举个例子来说。如三枝枪,交叉架立着,一面看,三枝枪各有一分力量,才互相依倚架立起。另一面看,这枝枪还是这枝枪,那枝枪还是那枝枪,力量对消,各不相犯,还是各住本位各持自体的。因为从缘起法的相互关涉,与法法的相续保持自身的传统性,法尔是有这两面性的。动静如是,生灭也如是;法法各住自性,不涉于他,所以是自生自灭;但离开了他法因缘,却又不能生不能灭,故又是他生他灭。这不是诡辩,缘起法的面面观,确是如此。有部说,法的自体有作用;经部说,用是缘起和合的,但有因果,实无作用;现在《增一阿含》的思想,是综合而超越了他。法法一面相互依待,一面又是各各独立。这从缘起以显示诸法的各独与相待二性,是从直观中去体认事事物物的缘起网的自他无碍、动静无碍、生灭无碍、缘起大用宛然,而当体的实动实静实生实灭又了不可得;这是极其深刻的真理。就是后代贤首家六相十玄的事事无碍法界观,也可说与此有关。

从缘起出发而明实在生灭动静不可得的,在《杂阿含》有《胜义空经》。经中说有情六处,生无所从来,灭无所从去,皆缘起不实,而显示胜义空。这思想,《增一阿含》中好多地方都在引申发挥它,如《非常品》云:

> 眼起时亦不知来处,若眼灭时则灭,亦不知去处。无有而眼生,已有而眼灭,皆由合会诸法因缘。……名为空行第一之法。

这从依因缘生灭,而悟入起灭无从,名为空行第一之法。缘起诸行是空相应的,这《杂阿含》中已经说过,不过还很隐晦,不如这里明显。又《增一阿含·六重品》云:

> 因缘而有,此亦假号。要前有对,然后乃有。犹如钻木求火,以前有对,然后火生,火亦不从木出,亦不离木。

因缘法,皆是因果关系相对相待而存在的,故都是假名不实。如钻木求火,须有二木相钻的相对关系,才能生起火来。同时,"火不从木出,亦不离木",说明因缘相待不离因缘,而又不即因缘的深意。这是对《胜义空经》更深刻更明显的发挥。《增一阿含·力品》对《胜义空经》更直接地发挥说:

> (六入)非我,亦非彼有,亦非我造,亦非彼为,乃从无有中而生,已有便自坏败。亦非往世今世后世,皆由合会因

　　缘……皆悉空寂。

　　这里特别指出，因缘法虽依待因缘而有，但是果性并不就是属于因性（"彼"，指因性）。"非我造，非彼为"，说明因果的不在自我执著中。如是一切法都是因果关系，非此非彼，发挥之下，自然而然的要达到法空的结论。而且说明诸法"从无中而生，生已便自坏败"，正是发挥《胜义空经》生无从来、灭无从去的思想。最后，总结说一切是因缘的，所以一切本来空寂，空是假名的，假名是空的。这是依《杂阿含·胜义空经》六处中心的缘起观而发挥的，显然可见。

　　《胜义空经》，本是部派共诵的。"从无而有，有已还无"的经文，有部的解释，是说的世俗假名法；胜义法体是各各恒住自性，前后一如，既没有"从无而有，有已还无"的生灭现象，更不能说是空寂的。经中说空，是说五蕴胜义法中无有我性，并不是五蕴空寂。经部也诵此经，他不许现象诸法是有实作者，有实作用，而以因果诸行的"界"是真实；他认为因果假名的背后，有因果界的实性，所以也不能达到诸行皆空的思想。所以在"名""用""体"这三者中，有部注重在体上，只说假名，而体用皆实；经部说名与用都是假，而体（因果诸行之界）是实。现在大众系了解因果的相对性，不即不离，不离开这现象去另求实在，到达了名假用假而实在体性空寂不可得。它与有部、经部不同，是立足在现象上的；一面从缘起明空，一面从无常门而进入空门；对于释尊本教，无常故无我、无我故空的体系，确能圆满地继承着。

　　上面解说了依据《胜义空经》，从缘起论的立场安立空义，现在谈谈从认识论的立场去安立空义。

在认识论上，说明所认识的不真实而归于空，这是《杂阿含·迦旃延真实禅经》就已经有了的思想。《中阿含》卷二六又继承发挥它：

> 于地有地想，地即是神，地是神所，神是地所；彼计地即是神已，便不知地。……计一切即是神已，便不知一切。

地（经中历说四大及四空处）本是一种定中的所观境；只要对这定境的地，取著地想，这地就成了我（神）所取著的，就是错误的我执，一切对象的真相，就都被我执蒙蔽而不能了达。这我，显然不是萨迦耶见所执的我；于法取相之我，不就是法我吗？《金刚般若》所说的"若取法相者，即著我人众生寿者"，不正是这个意思吗？到了《增一阿含》，就直接从正面去开示，如《劝请品》云：

> 知一切诸法空无所有，亦无所著；……都无所著已，不起世间想，复无恐怖，已无恐怖，便般涅槃。

这意思说：认识了对象的空无所有，便不执著一切法想，于是悟入无相而般涅槃。这里特别以"无相"来显示涅槃，是多么重视认识论上的空义。由此可以知道，依缘起论显自体空，与依认识论显所取空，在阿含经中是综合的。

空、无相，是说所认识的体性不真实；反面，也就是说缘起现象的存在是假名的。以假名说缘起，《杂阿含经》本就开示过。了达一切诸法唯假名，就可以成就"无诤行"。无诤的本义，是说语言名称的缺乏确实性固定性，了知它是假名如幻，不应固执。这在《中阿含经》已经被重视了。如卷四三说：

> 随国俗法，不是、不非耶，……此法无诤。

无诤是建立在假名上，所以与空义有密切的关系。传说须菩提尊者是无诤第一，《中阿含》明无诤行的时候就赞叹他说：

> 此行真实空，舍此住止息。

须菩提尊者，能够舍离"此"语言戏论，安住无诤（止息），就是行真实空。无诤就是空，不是很显然的吗？这意思，《增一阿含·须陀品》有着解释：

> 有字者，是生死结；无字者，是涅槃也。……有字者，有生有死，有终有始；无字者，无生无死，无终无始。

有名言，是生死法，就有生死始终；无名言，是涅槃法，一切生死始终皆无。这说明了涅槃的离言无诤。假名是空的，空是假名的；能够了达空性的假名离言，就可以安住无诤，也就可以获证涅槃。所以空的假名，不但可以安立缘起世间，也可以经过无诤的修证，走向解脱还灭，而获得离言涅槃。

唯假名的思想，不但是在显示假名不实，而且是从名言的随方域而变异、无固定性上说明的。后代大乘所共同应用的"名义互为客"无固定性的思想，即从此而来的。诸法唯名的思想，大众系中东山住部即有明确的发挥，如它的随顺颂说：

> 若世间导师，不顺世间转，佛及佛法性，谁亦不能知。虽许蕴处界同属一体性，然说有三界，是顺世间转。无名诸

法性，以不思议名，为诸有情说，是顺世间转。由入佛本性，无事、此亦无，然佛说无事，是顺世间转。不见义无义，然说法中尊说灭及胜义，是顺世间转。不灭亦不生，与法界平等，然说有烧劫，是顺世间转。虽于三世中不得有情性，然说有情界，是顺世间转。(《入中论》卷二)

总结一句，空义，从体性上说曰"空"，从认识上说曰"无相"，从名相上说曰"离言无诤"；能体悟空的无相无言，就能超越生死世俗的有相有言，而达到涅槃解脱了。

第三项　见空得道

得道就是初果见谛。中国向来传说，声闻学派中有着"见空得道"与"见有得道"的不同；其实，这就是"四谛渐现观"与"四谛顿现观"的不同。《成实论》卷三、《顺正理论》卷六三，对这问题都有所说明。四谛渐现观，以为先观苦谛，然后观集谛，见苦时不见集，渐次证见，所以叫渐现观。四谛现观完满，就是证得初果；以前的现观苦集灭前三谛时，只在见道位中。四谛顿现观，以为将四谛作一种共相空无我观，所以一念智生，就能够一了百了，顿下现观四谛，证得初果，所以叫顿现观。在学派佛教中，这自来是一个诤论，两说各有其圣教的证据与充分的理由。渐现观的，先收缩其观境，集中于一苦谛上，见苦谛不见其他三谛；如是从苦谛而集谛、而灭谛、而道谛，渐次证见，要等到四谛都证见了，才能得道。顿现观的，对四谛的分别思辨，先已经用过一番功夫了，所以见道时，只收缩集中观境在一灭谛上；一旦生如实智，证入了灭谛，就能够四谛皆了。总之，四谛顿现观是见灭谛得道,四谛渐现观是见四谛得道。见灭谛,就是见得寂灭空性;所以四谛顿现观的见灭得道,就是见空得道;与空义关系之密切,可想而知了。

主张四谛顿现观的,据《异部宗轮论》说,是化地部执。同时,大众、一说、说出世、鸡胤四部本宗同义说:"以一刹那现观边智,遍知四谛诸相差别。"也是主张顿现观的。现在只说说南传分别说系铜鍱部者的《解脱道论》,及汉译《成实论》的两说。他们的见地,虽还有不如大乘见空得道的地方,但已经是很相近了。

《解脱道论》纯粹是依修行的过程——戒定慧的次第而组织的。第一一卷、一二卷说明慧的时候,就谈到这顿现观见灭得道的问题。他说修慧的次第,先观蕴处界等,得到"观善巧慧";接着,论云:

> 一切色以无常广观;以广观苦,以广观无我。

这先对蕴处界诸法,作无常苦无我的广泛观察,是很接近根本佛教的。其次,他对无常等下了这样的定义:

> 于行色无常,以灭义;以苦,怖义;无我,不实义。

对蕴处界一切法,依无常苦无我的广泛观察,就能够对治常乐我倒见,内心安住于无相无愿空界三者之中。他把无常苦无我三与无相无愿空界三,配合起来说:无常义是无相,苦义故无愿,无我义就是空界。这种观察,叫"分别智"。进一步起"诸行分别智",观缘起的起灭,侧重在无常义。缘起是指有情生死流转的

当体,经中说缘起是"此生故彼生,此灭故彼灭",都是重视起灭无常义。论说:

> 一切诸行,以起初边成分别,以灭后边成分别;以起初边成寂寂,以灭后边成寂寂。以起从起无初,以灭从灭无后,是故起灭智,成诸行分别智。

对于缘起起灭,分别观察,得到了善巧时,从流转门见到"识"由"行"而来,因而了知"识"是无常苦无我,当下是寂灭的。在还灭门,由"行"灭则"识"灭,更可见得识是寂灭的。所以,不论是缘起的生门或灭门,都可以观察通达它的寂灭。同时,法从缘生,没有本有的初相;法法归灭,没有常住的后相。这些,都是发挥《胜义空经》的思想。从广泛无常苦无我的观察,缩小范围来专门观察起灭无际,这是第二步的观察。更进一步,如论说:

> 不作意观生,唯见心灭。

这时候,不观生起相,而专观于灭。一面观诸法都必归于灭;一面观察那些虽还没有灭的诸法,起无所起,住无所住,不是自体能起能住,如闪电般地刹那刹那当体都是归于灭的。这如论云:

> 第一义中无去来;未来无聚唯转生,住如芥子生诸法,彼法灭已是其初,世间以法初不离,不见去来不见生,诸法不生如虚空,犹如电起须臾灭。

一切法皆归于灭;灭的当体就是空。这是如来根本教中从无常观空的方式。这论中叫它做"观灭智"。由此观灭智,对于诸法的终当归灭,生起了恐怖、厌患,而欣求解脱。从观无常苦无我,而达于正性离生,真见灭谛,刹那而顿了四谛,证得了初果。这依生灭缘起,泛观无常苦无我,而归到见灭得道,与《杂阿含》所说的证道次第,大体相顺。见道位中就是见的涅槃空寂,所以也就是见空得道。化地部的"四谛一时现观",也有这个见解;所以,见空得道,可说是分别说系的共义。

其次,对于《成实论》所主张的"见灭得道"、"一时见谛",这里也略加介绍。《成实论》是依四谛组织的;在卷一一说明灭谛的时候,讨论到这问题。如云:

> 灭三种心,名为灭谛。谓假名心、法心、空心。

灭三心,就是指出认识上如何的认识应该遣除,而予消灭。单离一种心,不能见道;要三心都灭了,才能够见灭得道。怎样灭呢?论说:

> 假名心,或以多闻因缘智灭,或以思惟因缘智灭。法心,在暖等法中以空智灭。空心,入灭尽定灭,若入无余泥洹断相续时灭。

这里的灭三心,就是大乘所说的"我空"、"法空"、"空空"。有人说,《成实论》既明空空,可见是大乘的论典。有的说,它虽不是大乘论典,它说的空空却是从大乘中采取去的。其实,阿含经中已经有了重空三昧;尽管有部学者说重空三昧是有漏心;"空空"这名字是声闻教中本有的,却不成问题。《成实论》的三种空是依次悟入的,如楔出楔,是渐入法门;所以它说空的道理,与大乘的气象迥然有别,如它说的自性空,只是推理说明的,不是在缘起法当下体认出来,所以它的空是隔别的。《成实论》是声闻佛法中空义讲得最进步的,如此而已;说它就是大乘论典,当然是错误的。首先,"假名空"义,如论云:

> 如轮轴和合故名为车,诸阴和合故名为人。

这只是在和合下说明的空,与萨婆多部的假名无实意义相同。《成实论》在第一重二谛上,说假名是超越四种论的,以为常人的认识都是不离假名的,所以不能通达真象;须用闻思慧,作析空观,见真实的色法心法,见法不见假名,而破假名,得到法有我无的空。如论卷一五说:

> 一切凡夫,心不破假名,故常随我相,终不相离;虽见色,亦不离瓶等相,故凡夫心不缘实义。

凡夫流转中不见实相,就是假名相的障碍;要免流转,第一步就要用析空观;如观察色法,唯见色香味触,而不见四微和合的假名相;破世俗假名而见胜义真实有,就是《成实论》所说的"假名空";与大乘的假名空,相差得远了。其次,"灭法心"得法空,如论云:

> 有实五阴心名为法心,善修空智,见五阴空,法心则灭。

破假名时,分析慧所得的诸法实相,认识虽不错,但还不能得道;所以进一步说,见五蕴法的法心,也应该要舍离,而见五蕴空,法相不起,是为"灭法心"。论说:

> 行者断有为缘心,得无为缘心,是故行者不见五阴,但

见阴灭。

不起有为缘心,得法空智无为缘心,是在四加行时候的事情。论中这里引证一段契经云:

> 知色性灭,受想行识性灭,是名无我,无我即是无性。

《成实论》虽有诸行如幻不实之谈,但从无常门的法法归灭,以证入一切法空寂,是与铜鍱部一样的。涅槃虽已灭了法心,但还有见空相心存在,所以论云:

> 若缘泥洹,是名空心。……是心缘无所有。

这空心,还是应该灭的。怎样灭呢?论说:

> 无心定中,以缘灭故灭。断相续时,以业尽故灭。

灭空心有两种,一是在入无余依涅槃时,断相续灭;一是在入灭尽定时灭。灭尽定有二,一在八解脱里的,一在九次第定里的。断烦恼的灭定,必须是八解脱的;灭空心的灭定,两种都可以。三心渐次灭了,最后要以无心定才能圆满体验得涅槃,这是与铜鍱者共的;不过,《成实论》谓这灭定是无为的,铜鍱者谓是非有为非无为的。在灭尽定中,一切法寂灭,空相也寂灭了,正如大乘所说的能所双泯的境界。见灭谛得道后,接下去就顿见四谛,就是大乘所说的真见道后的相见道。

　　见法灭才能得道,本是《杂阿含》早有的思想,不过,经过了大众分别说者理论上的详确发挥。空义就是灭,所以见灭得道,对空义的开展,赋予直觉证验上的根据,关系之密切,可想而知!